货币政策对中国股票价格的影响研究

来志勤 著

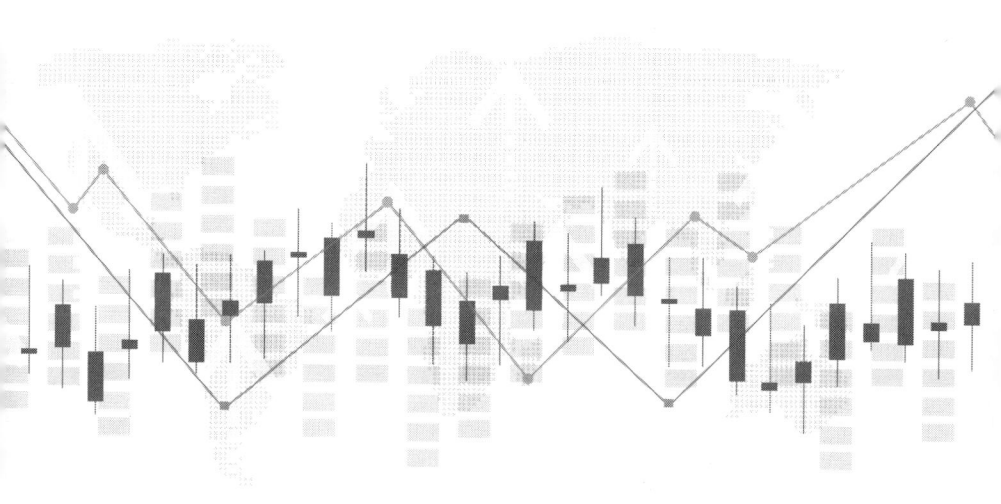

华夏出版社
HUAXIA PUBLISHING HOUSE

图书在版编目（CIP）数据

货币政策对中国股票价格的影响研究 / 来志勤著. —— 北京：华夏出版社有限公司，2025. -- ISBN 978-7-5222-0895-4

Ⅰ. F832.51

中国国家版本馆CIP数据核字第2025RJ7335号

货币政策对中国股票价格的影响研究

作　　者	来志勤
责任编辑	杜潇伟
责任印制	顾瑞清
出版发行	华夏出版社有限公司
经　　销	新华书店
印　　装	三河市少明印务有限公司
版　　次	2025年6月北京第1版 2025年6月北京第1次印刷
开　　本	880mm×1230mm　1/32
印　　张	7.5
字　　数	153千字
定　　价	68.00元

华夏出版社有限公司　地址：北京市东直门外香河园北里4号
　　　　　　　　　　　邮编：100028　网址：www.hxph.com.cn
　　　　　　　　　　　电话：（010）64663331（转）
若发现本版图书有印装质量问题，请与我社营销中心联系调换。

摘　要

近40年来，股票市场在全球范围内得到迅速发展。股票市场的发展一方面推动了传统金融体系的变革，促进了各国经济发展，优化了资源配置，为投资者提供了新的投资渠道；另一方面，股票市场的大幅波动对实体经济的发展造成了不利影响，也给各国中央银行货币政策的制定带来了严峻挑战。因此，货币政策与股票市场的关系就成为金融经济学研究的前沿问题之一。

中国自20世纪90年代初正式建立股票市场以来，股票市场经过多年的发展，已经在多方面取得了举世瞩目的成就，成为亚太地区最具影响力的股票市场之一。与股票市场的迅速发展相比，中国股票市场各类投资者也呈现爆发式增长。对于如此众多的投资者而言，就货币政策对股票价格的影响这一问题进行深入研究具有十分重要的现实意义。因为根据相关金融理论，货币政策是影响股票价格变动的重要因素之一，但是这种推论是建立在一系列假定之上的，对于中国这样一个金融市场欠发达的国家而言，实际状况未必会与理论推导相吻合。所以对投资者而言，上述问题的答案事关其是否可以根据央行货币政策的变化来买卖股票，从而在股票市场上获取超额收益。同时，自20世纪90年代以来，是否应该将股票价格变动纳入货币政策目标以及货币政策是否应该对股票价格波动进行反应成为国内外研究的热点问题。笔者认为，上述两个问题的前提是货币政策对股票市场的影响是否显著，如果其影响是显著的，那么就上述两个问题进行学术讨论才是有意义的；如果其影响不显著，那么对上述两个问题的学术探讨就是没有意义的。因此，对于中国央行而言，就这一问题进行研究，有助于检验货币政策是否会经由股票市场传导，也有助于回答在制定货币政策的过程中是否应该关注股票价格的变动以及货币政策对资产价格波动进行反应的前提条件是否存在等问题。

在此背景下，本书在借鉴国内外大量研究的基础上，采用多种计量经济学研究方法，研究了下列问题：首先，本书分别采用事件研究法、虚拟变量回归模型和向量自回归模型研究了中国央行三大货币政策工具，即存款准备金率、再贴现率和公开市场操作对股票价格的影响；其次，本书采用向量自回归模型研究了中国货币政策中介目标，即货币供应量对股票价格的影响；最后，蒙代尔－弗莱明模型表明，开放经济条件下不同国家的货币政策会影响其他国家的产出与价格水平等，因此根据蒙代尔－弗莱明模型的推论，中国股票价格会受到其他国家货币政策的影响，尤其是美国货币政策的影响。因此本书根据相关经济理论和中国经济运行中的具体实践，采用施加了短期约束的向量自回归模型研究开放经济条件下货币政策对中国股票价格的影响。这些研究结果均表明，无论是封闭经济条件下的货币政策，还是开放经济条件下的货币政策，对中国股票价格的影响在统计上都是不显著的，这表明在中国股票市场还不甚发达的情况下，投资者无法根据货币政策的变动来优化其资产配置；对于中国央行而言，这种结果意味着其无力干预股市，中国货币政策的股票市场传导机制尚不畅通，因此，目前央行不宜将股票市场波动纳入货币政策目标，而且没必要对股市波动进行反应。

本书的创新之处主要有以下几点：第一，在央行的三大货币政策工具中，由于法定存款准备金率这一货币政策工具存在种种弊端，因此西方发达国家很少使用这一工具，这一客观因素的存在使得国外学术界无法就存款准备金率宣告对股票价格的影响进行研究，而国内学术界就这一问题进行研究的成果也是寥寥无几，高水平的研究成果几乎没有。因此本书采用事件研究法，分别就中国存款准备金率上调和下调对基于中国证监会行业分类的 13 个门类行业股票收益率的影响进行了实证研究。第二，从已有的研究文献来看，国内外目前还没有就央行贴现率变动如何影响中国股票价格方面的研究成果，本书首次采用贴现率来度量中国央行货币政策的变动，进而研究了其对中国股票价格的影响。第三，本书首次研究了公开市场操作对中国股票价格的影响。第四，在开放经济条件下，一国股票价格的变动不仅受自身货币政策的影响，而且还会受到其他国家尤其是美国货币政策的影响。本书根据蒙代尔-弗莱明模型，首次研究了开放经济条件下货币政策对中国股票价格的影响。

由于个人能力所限，对这一问题的研究尚存在以下几方面的不足，同时这也是今后需要进一步加强研究的问题：第一，由于作为央行三大货币政策工具之一的公开市场操作比较难以度量，本书用央行资产负债表中负债项下的央行债券来度量公开市场操作，这种度量方法是否正确，还有待进一步检验；第二，根据金融学理论，货币政策对不同个股的影响应该是各不相同的，如大企业和小企业股票、现金流充足和现金流短缺的股票等对货币政策的反应，由于种种原因，本书未进行这样的尝试，因此这将是该领域今后进一步研究的方向，对于投资者而言也将会更加具有现实意义；第三，虽然自2006年以来中国存款准备金率的变动比较频繁，但是从统计学角度而言，这些样本还不够大，因此本书就存款准备金率变动对股票价格影响的研究结论可能会随着样本规模的扩大而发生变化，这同样有待进一步的实证检验。

关键词：货币政策　股票市场　影响　事件研究法　向量自回归模型

目 录

第一章 导论 / 001

第一节 选题背景与意义 / 001
一、投资者是否可以根据货币政策的变化优化其资产结构 / 003
二、货币政策是否会导致股价剧烈波动 / 005
三、货币政策的股票价格传导机制在我国存在吗 / 006
四、货币政策是否应该对资产价格进行反应 / 007

第二节 国内外研究现状 / 008
一、货币供应量变动影响股票价格的经验研究 / 010
二、货币政策宣告对股票价格的影响 / 016
三、利率变动对股票价格的影响 / 021
四、小结 / 023

第三节 研究思路与研究方法 / 024
一、研究思路 / 024
二、研究方法 / 025

第四节 结构安排、创新之处及需要进一步研究的问题 / 026
一、结构安排 / 026
二、创新之处 / 028
三、需要进一步研究的问题 / 029

第二章　货币政策影响股票价格的相关理论及模型 / 031

第一节　货币政策影响股票价格的相关理论基础 / 032
一、古典货币数量论 / 032

二、现代货币主义 / 035

三、理性预期理论 / 037

四、有效市场假说 / 038

第二节　理论模型 / 042
一、效用函数中的货币模型 / 042

二、货币先行模型 / 045

三、交易成本模型 / 049

四、结构性宏观经济模型 / 051

第三章　货币政策的股票价格传导机制 / 055

第一节　货币政策传导机制的评估框架 / 056
一、结构模型实证分析 / 056

二、简化形式实证分析 / 057

三、两种模型的比较 / 058

第二节　货币政策的股票价格传导机制 / 059
一、托宾 q 效应 / 060

二、莫迪利安尼的财富效应理论 / 062

三、企业资产负债表效应 / 063

四、家庭资产负债表效应 / 064

五、通货膨胀效应 / 066

第四章 存款准备金率宣告对股票价格的影响 / 068

第一节 存款准备金制度概述 / 069

第二节 存款准备金率宣告对我国股票价格影响的事实特征 / 072

第三节 数据与方法 / 076

一、数据来源与处理 / 076

二、研究方法 / 078

第四节 实证结果分析 / 082

一、存款准备金率上调事件期内各行业的平均异常收益率与平均累积异常收益率 / 082

二、存款准备金率下调事件期内各行业的平均异常收益率与平均累积异常收益率 / 084

第五节 小结 / 089

第五章 贴现率对股票价格的影响 / 098

第一节 我国再贴现政策概述 / 098

一、再贴现政策及其原理 / 098

二、我国再贴现业务的发展 / 100

第二节 相关文献简述 / 103

第三节 数据与研究方法 / 105

一、数据来源及其处理 / 105

二、研究方法 / 106

第四节 实证分析 / 109

第五节 小结 / 117

第六章 公开市场操作对股票价格的影响 / 119

第一节 我国公开市场操作概述 / 119

第二节 公开市场操作影响股票价格的理论分析 / 123

　　一、封闭经济条件下公开市场操作对股票价格的影响 / 124

　　二、开放经济条件下公开市场操作对股票价格的影响 / 126

第三节 变量、数据与模型选择 / 129

　　一、变量选择与数据处理 / 129

　　二、模型选择 / 132

第四节 实证检验 / 132

　　一、变量的单位根检验 / 132

　　二、协整检验（cointegration test）/ 134

　　三、Granger 因果关系检验 (Granger causality test) / 136

　　四、脉冲响应函数（Impulse Response of Function, IRF）/ 138

　　五、方差分解 (variance decomposition) / 143

第五节 小结 / 146

第七章 货币供应量对股票价格的影响 / 148

第一节 货币供应量影响股票价格的理论分析 / 149

第二节 数据与研究方法 / 151

一、变量与数据处理 / 152

二、研究方法 / 156

第三节　M_0 对股价指数影响的实证分析 / 157

一、Johansen 协整检验 / 158

二、Granger 因果关系检验 / 159

三、脉冲响应函数 / 160

四、方差分解 / 163

第四节　M_1 对股价指数影响的实证分析 / 164

一、Johansen 协整检验 / 165

二、Granger 因果关系检验 / 166

三、脉冲响应函数 / 166

四、方差分解 / 168

第五节　M_2 对股价指数影响的实证分析 / 170

一、Johansen 协整检验 / 170

二、Granger 因果关系检验 / 171

三、脉冲响应函数 / 172

四、方差分解 / 174

第六节　小结 / 182

第八章　开放经济条件下货币政策对股票价格的影响研究 / 184

第一节　引言 / 185

第二节　文献综述 / 188

第三节　数据与模型选择 / 190

　　一、变量选择与数据处理 / 191

　　二、结构式向量自回归模型建立及其识别 / 194

第四节　实证分析 / 199

　　一、单位根检验与模型选择 / 199

　　二、协整检验 / 200

　　三、脉冲响应函数分析 / 201

　　四、方差分解 / 204

第五节　实证结论及其含义 / 205

第九章　结论与展望 / 207

第一节　结论 / 207

第二节　研究展望 / 214

参考文献 / 217

后记 / 226

第一章 导 论

自 20 世纪 70 年代以来,股票市场在全球范围内得到了迅速发展,其对经济的影响力也在不断上升。股票市场的迅速发展是一把"双刃剑",一方面它推动了传统金融体系的变革,促进了各国经济发展,优化了资源配置,为投资者提供了新的投资渠道;另一方面,股票市场的大幅波动对实体经济的发展造成了不利影响,也给各国中央银行货币政策的制定带来了严峻挑战。在此背景下,货币政策与股票市场的关系就成为金融经济学研究最核心、最前沿的问题之一。

第一节 选题背景与意义

股票市场作为现代金融市场的重要组成部分,其发展水平和运行效率对经济的稳定与增长具有深远影响。随着我国经济的持续发展和金融市场的不断开放,股票市场的规模和影响力日益扩大。股票市场不仅为企业提供了直接融资的渠道,促进了资本的合理配置,还为投资者提供了多样化的投资选择,有助于分散风险和实现财富增值。然而，股票市场的波动也给经济运行带来了一定的不确定性。货币政策作为中央银行调控宏观经济的重要手段，其与股票市场的相互作用关系一直是金融经济学领域的研究热点。深入研究货币政策对股票价格的影响，对于优化货币政策传导机制、维护金融市场稳定以及促进经济健康发展具有重要的理论价值和现实意义。

从理论层面来看，货币政策通过多种渠道影响股票价格，包括利率渠道、信贷渠道、资产价格渠道等。这些渠道相互交织，共同作用于股票市场。例如，货币政策的宽松可能导致市场利率下降，从而降低企业的融资成本，提高企业的盈利能力和投资回报率，进而推动股票价格上涨。同时，货币政策的调整还可能影响投资者的预期和风险偏好，改变其资产配置行为，从而对股票市场产生影响。然而，不同国家和地区的金融市场结构、货币政策框架以及经济体制存在差异，这使得货币政策对股票价格的影响机制具有一定的复杂性和多样性。

从现实层面来看，我国股票市场在经历了多年的快速发展后，已经成为全球最具影响力的新兴市场之一。然而，我国股票市场在发展过程中也面临一些问题和挑战，如市场机制尚不完善、投资者结构不合理、信息不对称等。这些问题可能会影响货币政策的传导效果，削弱货币政策对股票价格的调控能力。因此，深入研究货币政策对我国股票价格的影响，有助于揭示我国股票市场的运行规律和特点,为货币政策的制定和实施提供科学依据,同时也为投资者提供有益的参考。

一、投资者是否可以根据货币政策的变化优化其资产结构

自改革开放以来,我国经济社会发生了深刻的变化,市场经济体制初步建立并不断完善。自1979年以来,我国经济年均增长8.9%,在短短的30余年间迅速成长为世界第二大经济体,综合国力跻身世界前列。在这一发展过程中,我国资本市场萌生、起步、发展,通过多方面的共同探索和努力,走过了一些成熟市场几十年,甚至是上百年的道路,逐渐成长为一个在法律制度、交易规则、监管体系等各方面与国际通行原则基本相符的资本市场,为世界所瞩目。根据世界交易所联合会(WFE)[①]提供的统计数据,截至2011年上半年,我国上海证券交易所的上市公司股票市值在全球交易所中位居第6位,在亚洲市场也仅次于东京证券交易所,而世界交易所联合会根据电子订单价值(electronic order book value)对全球股票交易所进行排名,上海和深圳证券交易所都进入了全球证券交易所前五名。经过20多年的改革与发展,我国股票市场不仅成为新兴市场国家中最为重要的股票市场之一,而且也是亚太地区最为

---

① 世界交易所联合会(WFE)(http://www.world-exchanges.org)。

重要的股票市场之一。伴随着股票市场的迅速发展，我国居民所持有的金融资产结构也发生了很大的变化：在股票市场建立之前，绝大部分居民的金融资产是银行储蓄，但是随着股票市场的建立、我国经济的快速增长、人民收入水平的不断提高以及居民投资意识的不断加强，越来越多的居民将原先的银行储蓄转化为股票等非银行存款类金融资产，股票占个人金融资产的比例不断上升，而且根据发达国家的经验，居民资产结构的这种变化趋势将会是长期的。另外，为了培育理性投资理念、充分发挥机构投资者对稳定市场的作用，我国自1998年以来大力发展各类投资者，截至目前，我国股票市场上有大量的机构投资者，如证券投资基金、证券公司、保险公司、社会保障基金、合格境外机构投资者（QFII）、信托公司、财务公司和企业法人等。据Wind资讯的统计，截至2011年10月，我国股票市场上各类投资者的开户总数已经突破了2亿户。

根据股票价格估值模型，贴现率的高低对股票价格有重要影响，在实践中，投资者通常选择某一基准利率作为贴现率的代理变量。国内外大量的理论与实证研究都表明，央行货币政策对基准利率的变动有重要影响，货币政策会通过利率进而通过贴现率的变动对股票价格产生影响。因此，本书的研究结论无论是对于个人投资者还是机构投资者都具有十分重要的现实意义，如果研究结果表明货币政策对我国股票价格的影响十分显著，这就意味着股票市场上各类投资者在进行股票投资时，必须密切关注央行货币政策的变动，进而根据央行货币政策的变动优化其金融资产结构；如果货币政策对股票价格的影响不显著或不稳定，那就说明现阶段投资者无法根据央行货币政策的变动在股票市场上获取超额收益，因此投资者在进行股票投资时就无需太过关注央行货币政策的变动。

二、货币政策是否会导致股价剧烈波动

由于股票市场的发展从总体上反映了一国国民经济的运行状况，因此被称为国民经济的"晴雨表"。股票市场的存在可以为实体经济的发展筹集所需资金、优化资本配置、推动实体经济增长，但是股票市场的波动，尤其是大幅波动，对实体经济的消极作用也是显而易见的。历史上，股票价格暴跌导致实体经济衰退的例子屡见不鲜，其中典型的有1929年美国股灾、20世纪80年代末90年代初日本股市泡沫破裂以及21世纪初美国互联网泡沫破裂。由于股票价格的暴跌会殃及实体经济，因此历次股票价格暴跌的原因就成为经济学家们关注与研究的重点。

针对股票价格暴跌的原因，许多经济学家从各种不同角度进行了广泛而深入的研究，涌现出大量的研究成果，其中有代表性的是诺贝尔经济学奖获得者Friedman。Friedman(1963,

1988，2005）认为央行货币政策的变动是造成股票价格暴跌的最主要的原因。本书的研究结果如果证明货币政策对股票价格有重要影响，对于我国央行而言，这意味着在制定货币政策时必须考虑股票市场的变动，以防不恰当的货币政策造成股票价格的大幅波动甚至暴跌，进而对实体经济造成不利影响；如果货币政策对股票价格的影响不显著，那么央行在制定货币政策的过程中，就无需太过关注股票市场的发展变化。

三、货币政策的股票价格传导机制在我国存在吗

货币政策传导机制是金融学的核心问题之一，也是货币政策理论的核心内容。凯恩斯主义经济学家认为，货币政策通过利率途径传导至实体经济，从而对消费和投资活动产生影响。然而随着金融结构的变迁，尤其是资本市场的深化和发展，以股票价格为代表的资产价格的波动使得货币政策的传导机制变得越来越复杂。经济学家们对发达国家的理论与经验研究均表明，货币政策会以托宾 q 理论、资产负债表渠道、财富效应渠道和通货膨胀等形式，通过影响股票等资产价格进而影响投资和消费（Mishkin，1997，2001）。然而，由于经验研究基本上是以发达国家的金融市场为研究对象，而理论研究是建立在一系列假设的基础之上，如金融资产必须达到一定的规模、金融市场的运行效率相对较高以及微观经济主体对投资收益率的敏感

程度等，因此理论与经验研究的结论不一定适用于包括我国在内的广大发展中国家。就我国而言，股票市场经过20年的发展，虽然交易技术堪称世界一流，但是还有许多方面需要进一步完善。所以，对我国股票市场的经验研究结论并不一定与理论推断相吻合，也不一定与发达国家的经验研究相吻合，甚至有可能与其研究结果相悖。因此本书的研究结果如果证明货币政策对股票价格有显著影响，那就说明货币政策的股票市场传导效应在我国确实存在；如果货币政策对股票价格的影响不显著，那就说明我国股票市场的传导效率非常低，因此，我国央行和相关金融监管机构需要采取措施，不断完善金融市场的各种制度建设，切实提高股票市场的传导效率，以使股票市场能够更好地服务于实体经济的发展。

四、货币政策是否应该对资产价格进行反应

20世纪90年代以来，随着金融业的不断发展，资本市场的迅速发展成为全球金融结构变迁中一个最为显著的变化。各种金融产品不断涌现，从而形成一个规模庞大的金融资产市场。金融资产规模的扩大使得金融资产的交易性和流动性不断增强，这在一定程度上提高了金融体系的运行效率，但同时也给金融体系的稳定和央行的货币政策制定带来了新的挑战。国外大量的文献证明了货币政策会经由股票市场传导至实体经

济，因此，关于货币政策是否应该对资产价格波动进行反应就成为近年来国内外金融研究领域的热点问题。从理论角度而言，货币政策是否应该对资产价格的波动作出反应，其前提条件首先在于货币政策是否能够显著影响股票等资产价格，如果货币政策能够显著影响股票等资产价格，那么就上述问题进行学术讨论才是有意义的；如果货币政策对股票等资产价格的影响不显著，那么上述问题就是一个伪命题，因此对其进行学术讨论是没有任何意义的。

综上所述，就货币政策对股票价格的影响这一问题进行深入研究，对于各类投资者和我国央行而言都具有十分重要的理论与现实意义。对投资者而言，货币政策是否会显著影响股票价格，意味着他们是否可以根据央行货币政策的变动来优化其金融资产的配置；而对于我国央行而言，就这一问题进行研究有助于检验货币政策是否会经由股票市场传导，也有助于回答在制定货币政策的过程中是否应该关注股票价格的变动以及货币政策对资产价格波动进行反应的前提条件是否存在等问题。

第二节　国内外研究现状

近年来，国内外学者对货币政策与股票价格关系的研究不断深入，取得了一系列重要成果。在货币政策对股票价格影响的传导机制方面，有学者通过构建动态随机一般均衡模型（DSGE），分析了货币政策通过利率渠道、信贷渠道和资产价格渠道对股票市场的不同影响路径，发现不同渠道的相对重要性在不同经济周期阶段存在差异。在货币政策工具对股票价格的异质性影响方面，有学者利用面板数据模型，研究了不同货币政策工具（如存款准备金率、再贴现率、公开市场操作等）对不同行业股票价格的差异化影响，发现货币政策工具的选择和调整对股票市场的行业轮动具有一定的引导作用。此外，随着金融市场的不断发展和创新，一些新的研究开始关注非常规货币政策工具（如量化宽松、前瞻性指引等）对股票价格的影响，发现这些非常规工具在特定经济环境下对股票市场的刺激作用较为显著。

股票作为一种有价证券，代表其持有者（即股东）对股份公司的所有权。持有股票的投资者不仅享有参加股东大会、参与公司重大决策的权利，而且还可以通过持有或买卖股票获取收益。为了在股票市场上获取收益，投资者试图通过技术分析、行业分析以及宏观分析等各种手段来预测股票价格的变动。

对影响股票价格因素的研究，一直是投资者和经济学家关注的重点，而在影响股票价格的所有因素当中，货币政策无疑是最重要的因素之一。因此，学术界就货币政策的变动是否有助于预测股票价格这一问题进行了广泛而深入的研究和探讨，产生了大量的学术文献。从现有文献来看，度量货币政策的指标主要有货币供应量、贴现率、利率等，并且从下述对文献的回顾中我们可以看出，货币政策的度量指标不是一成不变的，而是随着央行货币政策中介目标的变化而变化。

一、货币供应量变动影响股票价格的经验研究

中央银行可以通过法定存款准备金率和再贴现政策来调节货币供应量，从而影响资本市场的资金供求，最终影响证券市场价格。如果中央银行提高法定存款准备金率，这会限制商业银行体系创造派生存款的能力，相当于冻结了一部分商业银行的超额准备金。由于法定存款准备金率对应着数额庞大的存款总量，并通过货币乘数的作用使货币供应量更大幅度地减少，证券市场价格便趋于下跌。同样，如果中央银行提高再贴现率，对再贴现率资格加以严格审查，那么商业银行的资金成本就会增加，市场贴现率上升，社会信用收缩，证券市场的资金供应量减少，使证券市场行情走势趋软。相反，如果中央银行降低法定存款准备金率或降低再贴现率，通常都会导致证券市场行情上扬。

1. 货币供应量可以预测股票价格变动

就货币供应量变动对股票价格的影响这一问题的研究，始

于 Sprinkel（1964），他通过作图的方法，研究了美国货币供应量变化与标准普尔 425 指数间的关系。根据 1918—1960 年间的货币供应量和股票价格数据，他发现货币供应量变动的峰值领先股票价格峰值约 15 个月，货币供应量谷底值领先股票价格谷底值约 2 个月，由此他得出运用先行货币供应量数据可以预测未来股票价格的结论。Homa & Jaffee（1971）运用 1954—1969 年的季度数据，采用回归方法，研究了美国货币供应量与标准普尔 500 指数之间的关系，结果发现货币供应量可以预测股票价格的变动。Hamburger & Kochin（1972）也采用回归方法，运用 1950 年第一季度至 1970 年第二季度的数据，就美国货币供应量对标准普尔 500 指数的影响进行了实证研究。结果表明，货币供应量不仅会间接影响股票价格（即货币供应量变动会影响利率与企业预期收益，而利率与企业预期收益的变动又会影响股票价格），还会直接影响股票价格（即货币供应量增加会使投资者对股票的需求增加，从而使股票价格上升；货币供应量下降会使投资者对股票的需求减少，从而使股票价格下降）。此外，学者还发现，如果货币供应量的波动性较高，那么股票价格就会比较低；如果货币供应量的波动性较小，那么股票价格就会比较高。Keran（1976）也采用回归方法研究了 1956 年第一季度至 1970 年第二季度的货币供应量和标准普尔综合指数间的关系，他发现货币供应量的变化领先标准普尔

500指数两个季度，即先行货币供应量数据可以预测股票价格。

Lastrape（1998）运用一个包括产出、实际股票价格指数、利率、价格水平和名义货币存量五个变量在内的向量自回归（VAR）模型，研究了七国集团及荷兰的利率和股票价格对货币供应量变动的短期反应。结果发现除法国和英国外，货币供应量变动对其他六个国家的实际股票价格都会产生正向的显著影响，而对法国和英国，这种影响也是正向的，但并不显著。Thorbecke（1997）采用三种方法，即向量自回归模型、事件研究法（event study）以及叙述性方法（narrative approach）检验了货币政策与股票价格之间的关系。他发现货币供应量紧缩对小公司的股价有很大的负面影响，该结论证明了货币政策会影响小公司的借贷能力。

国内方面，与发达国家相比，我国股票市场建立较晚，因此我国学者就货币政策对股票价格的影响这一问题的研究明显晚于发达国家。同时，到目前为止，我国央行的货币政策都以货币供应量为中介目标，因此我国学者大多以货币供应量来度量我国的货币政策。

唐齐鸣、李春涛（2000）采用向量自回归模型，研究了1991年1月—1997年12月中国股票收益与货币政策之间的关系，发现股票收益与货币供给量之间具有一定的相关性，认为中央银行应根据国家宏观经济政策的变动及时调整货币供给量以影响股市。胡援成、程建伟（2003）运用向量自回归模型，以 M_0、M_1 以及名义利率和真实利率作为解释变量，以沪深两市股票流通总市值为被解释变量，运用 1996—2001 年的季度数据，对中国货币政策与资本市场传导的相互作用和影响进行了实证分析。研究表明，货币供给量对股票市场有较大的影响，而利率对股票市场的影响较小。刘熀松（2004）同时使用了年度与月度数据对我国的货币供应量与股市价格进行了研究。运用 1991—2003 年的年度数据，他发现新增 M_0 的增减方向与股市涨跌方向基本同步；新增 M_1 的增减方向与股市涨跌方向也基本同步。运用 1995 年 1 月—2003 年 8 月的月度数据，发现 M_1 对上海股市价格的变化有影响，但 M_1 与上证指数月收盘指数之间并不存在协整关系；我国股市价格的变化会引起 M_0 的变化。李星、陈乐一（2009）运用 1999 年 1 月—2008 年 4 月的数据，对我国货币政策变动对股票市场波动的影响进行了研究，结果表明，货币供应量对股票指数产生正向的影响，而且也会对股市成交量产生正的影响。

2. 货币供应量无法预测股票价格变动

与先行货币供应量数据可以用来预测未来股票收益这一结论相反，Cooper（1974）、Pesando（1974）、Rozeff（1975）、Rogalski & Vinso（1977）的研究结果表明，先行货币供应量数据并不能预测股票价格，相反股票价格可以预测货币供应量。

Rozeff（1974）对 Sprinkel 的结论进行了重新检验，结果表明，当前的股票价格变动实际上与先行货币供应量变动无关，因此，先行货币供应量变动不能用来预测当前的股票价格。相反，股票价格的变动与当前和未来的货币供应量变动有关。也即，货币供给增长率不能用来预测股票价格的变动，股票价格倾向于与货币供给变动相一致。Rogalski & Vinso（1977）进一步改进了 Rozeff 的分析，并且断定因果关系并不是从货币供给到股票价格，而是从股票价格到货币供给。

Darrat（1990）研究了货币与财政政策对多伦多股票交易所 300 指数收益的影响。他用基础货币的百分比变动来度量货币政策，而用结构性财政赤字来度量财政政策。研究结果表明，货币供应量不是股票收益的 Granger 原因，即货币供应量变动并不能预测股票价格。另一方面他发现，预算赤字对之后 2～3 个月的股票收益产生了显著的负影响。

20 世纪 60 年代至 90 年代以前，美联储的货币政策中介目标虽然发生了几次变动，但大多数时间都以货币供应量为货币政策的中介目标，因此许多文献采用货币供应量来度量货币政策。进入 20 世纪 90 年代后，美联储放弃了以货币供应量为货币政策的中介目标，转而以联邦基金利率为货币政策的中介目标，因此此后的学术文献，大多研究联邦基金利率和贴现率变动对股票价格的影响。

钱小安（1998）以1994年3月—1997年6月沪深股票价格指数的同比增长率作为股票价格指标，以M_0、M_1和M_2的同比增长率作为货币供应量指标，研究了股票价格与货币供应量之间的关系。结果发现货币供应量与股票价格之间的相关性较弱且不稳定，因此股票综合指数还不能作为宏观经济的晴雨表。他认为在我国股票市场上，非理性投资比较突出，股票价格变化受预期、投机因素或操纵价格的影响较严重，因此股票价格变化的规律还有待进一步研究。李红艳、汪涛（2000）采用1993年1月—1999年8月的数据检验了M_1与上证指数之间的关系。其研究表明，我国股票市场价格与货币供给量之间存在长期均衡的协整关系，但是货币供给量不是引起股票价格变动的Granger因素。孙华妤、马跃（2003）采用滚动式向量自回归与增加时滞的自回归系统与Granger因果关系检验相结合的计量估计方法，运用1993年10月—2002年6月的月度数据，结果发现M_0、M_1和M_2对股票市场都没有影响，但央行的利率变量在15个子样本中对股票价格产生了显著影响。薛永刚、曹艳铭（2008）利用1998年1月—2007年2月的月度数据，通过HP滤波、Granger因果关系检验、预测方差分解以及时变参数状态空间模型，对我国M_1和M_2、商业银行的贷款利率、银行间同业拆借利率与股票价格之间的动态关联性进行研究。结果表明，我国货币政策变量与股票价格存在不完全双向因果关系。

综上所述，无论是采用线性回归模型，还是向量自回归模型，就货币供应量对股票价格的影响研究，学者们得出了完全相反的两种结论，即有的研究认为货币供应量的变动会影响股票价格，而另外一些研究则发现货币供应量对股票价格没有影响。造成这种结果的原因可能有：一是货币供应量已经不能全面反映央行货币政策的变动；二是研究者采用了不同的研究区间；三是研究者采用了不同的研究方法。

二、货币政策宣告对股票价格的影响

关于货币是内生的还是外生的，在学术界一直争论不休，而且到目前为止就这一问题仍未达成一致。因此，货币的内生性问题使一些学者放弃了以货币供应量来度量货币政策的研究方法，他们转而运用事件研究法来研究中央银行货币政策的宣告对股票价格的影响，即在中央银行的货币政策宣告后立即观察股票价格的变动情况，从而判断货币政策是否会对股票价格产生影响。这种研究方法实际上将货币政策看作外生的。在这些研究中，Berkman（1978）、Lynge（1981）、Pearce & Roley（1983）用货币供给宣告来度量货币政策；Waud（1970）、Smirlock & Yawitz（1985）、Jensen & Johnson（1993）用中央银行贴现率变动宣告来度量货币政策；Pearce & Roley（1985）、

Hafer（1986）、Hardouvelis（1987）既运用货币供给宣告，又运用贴现率变动宣告来度量货币政策；Thorbecke & Alami（1994）、Thorbecke（1997）用联邦基金利率目标变动宣告来度量货币政策；而 Tarhan（1995）则用中央银行公开市场操作来度量货币政策。

1. 货币供给宣告对股票价格的影响

Berkman（1978）和 Lynge（1981）发现，货币供应量宣告会对股票价格产生反向的影响。Berkman 区分了预期与非预期的货币供给变动，而 Lynge 并没有区分预期与非预期货币供给变动。Berkman 的研究表明，只有非预期货币供应量宣告才会影响股票价格，而预期的货币供应量宣告对股票价格没有影响。Pearce & Roley（1983）也检验了非预期货币供给宣告对股票价格的影响。他们采用1977—1982年的周数据，估计了下列模型：

$$\Delta P_t = a + b(\Delta M_t^a - \Delta M_t^e) + \varepsilon_t$$

其中，ΔP_t 代表股票价格的百分比变动，ΔM_t^a 代表货币存量的宣告变动，ΔM_t^e 代表预期货币存量的变动。他们将该样本区间分为三个子区间，分别估计上述模型，每个子区间参数 b 的估计值都为负（其中两个子区间 b 是显著的）。

2. 贴现率变动宣告对股票价格的影响

Waud（1970）研究后认为，贴现率变动宣告会对利率和股票价格产生影响。Smirlock & Yawitz（1985）通过区分技术性贴现率和非技术性贴现率后发现，无论贴现率变动是技术性的还是非技术性的，1979年之前不存在宣告效应。另外，1979年之后，技术性贴现率变动不存在宣告效应，而非技术性贴现率变动则存在显著的负宣告效应。与 Smirlock & Yawitz 相反，Jensen & Johnson（1993）发现技术性和非技术性贴现率变动都存在显著的宣告效应，虽然非技术性贴现率变动的效应更强。与以前的研究不同，Jensen & Johnson（1993）也研究了贴现率变动前后股票的长期收益。通过对贴现率变动对宣告前（前15日—前1日）收益、宣告时（0日—1日）收益和宣告后（2日—16日）收益的研究，他们发现贴现率变动宣告对宣告前后以及宣告时的股票收益都有负的影响。宣告前的收益表明，股票市场可以预测贴现率变动。

3. 货币供给宣告和贴现率变动宣告对股票价格的影响

Pearce & Roley（1985）将1977—1982年的样本区间分为1977年至1979年10月和1979年10月至1982年10月两个子区间。在1979年10月之前，美联储采用利率目标制，而1982年10月后又重新强调利率目标制。他们研究了非预期货币供应量变动、通货膨胀、产出和贴现率变动对股票价格的影响。结果发现，货币供应量的突然变化对1979年10月之前和之后的股票价格在统计上都有显著的逆向影响，而通货膨胀与产出冲击对股票价格的影响则是有限的。Hafer（1986）的研究区间为1977—1984年。他将这个区间又分为1977—1979年、1979—1982年、1982—1984年三个子区间。结果发现只是在1979年后,即在后两个子区间,货币政策宣告才会对股票价格产生显著的逆向影响。Hardouvelis(1987)研究的样本区间为1979—1984年,结果发现1979—1982年和1982—1984年间货币政策变量会对股票价格产生显著的负影响。同时,他们还发现货币政策变量(如货币供给)会影响股票价格,而非货币变量(如产出)则对股票价格没有影响。

4. 联邦基金利率宣告对股票价格的影响

联邦基金利率是美国金融市场的基准利率,美联储的任何政策变动都会影响到该利率。Thorbecke & Alami(1994)采用事件研究法发现股票收益和联邦基金利率之间存在显著的逆向联系。Thorbecke(1997)采用1974—1994年的数据,发现联邦基金利率的政策性变动会对道琼斯工业平均指数变动有显著的负影响。

Ehrmann & Fratzscher(2004)检验了美国联邦基金利率宣告对股票市场的影响。通过观察美联储货币政策宣告当天,标准普尔500指数的收益变动,发现货币政策对股票市场有十分显著的影响。在货币政策公布的当天,平均而言,货币政策紧缩50个基点,股票价格收益下降大约3%。此外,当货币政策变动未被预期到时,货币政策态势存在定向变动和市场高度不确定时，股票收益波动会更强，并且发现这些影响存在很大的不对称，即美国个股对货币政策冲击具有高度的不一致性，学者认为这种不一致性与企业的融资约束和托宾 q 有关。首先，学者的研究结果表明，美国货币政策具有很强的行业效应，周期性行业如技术、通信和周期性消费品对货币政策的反应是非周期性行业的 2～3 倍；其次，学者发现构成标准普尔 500 指数的股票中，现金流量低、规模小、信用评级低、资产负债率低、PE 值高以及托宾 q 高的股票受到的影响更大，货币政策对低现金流企业的影响是高现金流企业的 2 倍。最后，学者将货币政策对个股与行业股的影响进行分解，结果表明，行业影响解释了货币政策冲击对企业影响的大部分。

5. 公开市场操作对股票价格的影响

Tarhan（1995）检验了美联储公开市场操作对金融资产价格的影响，他发现美联储的公开市场操作对股票价格没有影响。

国内方面，由于我国尚处于经济转轨时期，货币政策还不完善，因此运用事件研究法研究货币政策宣告对股票价格的影响方面的成果还比较少见。唐齐鸣、李春涛（2000）研究了1996 年以来中国股票市场对降息的反应，结果表明中国股市对降息具有一定的敏感性，但股市对各次降息的反应不一，此外，降息有时并不能引起股指攀升。

综上所述，运用事件研究法，学者们就货币政策宣告对股票价格的影响也得出了不尽相同的结论：有的认为货币政策宣告会对股票价格产生显著的正影响，有的认为货币政策宣告会对股票价格产生逆向影响，有的则认为货币政策宣告对股票价格没有影响。另外，我们发现就国内外而言，存款准备金率对股票价格产生影响十分少见。

三、利率变动对股票价格的影响

现存理论认为，利率与股票价格之间存在负相关关系，即利率上升会使股票价格下降，利率下降会使股票价格上升。这是因为：第一，利率变动会影响居民储蓄存款的利率，这会使居民重新分配其金融资产。利率降低，居民会购买更多的以股票为主的金融资产，储蓄存款因此减少，由于对股票的需求上升，股票价格因此上升；反之，则股票价格下降。第二，利率变动会影响企业的资金成本。利率提高，企业的利息负担加重，盈利因此减少，致使股票价格下降；相反，利率下降，企业的利息负担减轻，盈利会增加，股票价格因此上升。

Patelis（1997）采用向量自回归模型和Fama & French（1989）采用的长期多元回归方法研究了货币政策是否可以用于预测股票收益。Patelis采用长期回归方法，使用两组解释变量：货币政策变量和金融变量。货币政策变量是：联邦基金利率、联邦基金利率与十年期的国债利差、6个月期的商业票据与6个月期的国库券违约之差、非借入准备金的数量与总准备金增长比率。金融变量包括：红利收益、十年期国债与一月期国库券收益之差、一月期的实际利率。Patelis发现与货币政策变量相独立的金融变量也有预测能力。另外，他将股票收益分解为红利增长预期、实际利率预期和超额收益预期。他发现货币政策会影响预期超额收益和预期红利的增长，但对实际利率预期却并没有影响，货币政策变量只能解释总的非预期股票收益变量的3%，而红利收益解释了大多数非预期收益的变动。Christos & Alexandros (2006) 以利率度量货币政策，检验了13个OECD国家的货币政策与股票收益之间的关系，结果表明，货币政策变动不仅对股票收益有影响，而且货币政策的变动对当前股票收益和未来股票收益都会产生显著的影响。

He (2006) 研究了1962年1月—2002年12月，美国货币政策对标准普尔500指数收益的影响。结果发现，在这40年中，货币政策在解释股票价格变动时起着很重要的作用。更重要的是，这篇文章的证据清楚地表明，过去40年里的不同时期，美联储货币政策会以不同的方式影响股票收益。例如，在沃尔克任美联储主席期间，现在的和未预期到的货币政策都对股票收益有很大的影响，而在格林斯潘任美联储主席期间，只有先行货币政策变动才会对股票价格产生显著的影响。

Arabinda & Alexander(2008)研究了美联储货币政策对股票市场的影响。结果发现,在经济萧条时期,未预期的联邦基金利率变动对股票收益会产生更强的影响。使用公司数据,他们还发现在紧缩的信用市场环境下,有融资约束的公司比相对没有融资约束的公司更容易受到货币政策意外的影响。学者认为,该结果与货币政策传导的信用渠道是相一致的。

Wongswan(2009)采用高频数据,研究了美国货币政策对亚洲、欧洲和拉丁美洲的15个国家的股票指数的意外影响。结果发现,美国货币政策很意外地在短期内对这些国家的股票指数有显著的影响。平均而言,未预期的联邦基金利率每下降25个基点,这些国家的股票指数会下降0.5%~2.5%。这表明,美国货币政策是全球股票市场的一个风险因素。

国内运用利率对这一问题进行研究的成果比较少见。王如丰、于研(2010)的研究表明,货币政策对股票价格的即期冲击非常有限。

四、小结

通过综述我们可以看出,研究货币政策对股票价格的影响主要有三种方法:线性回归模型、事件研究法以及向量自回归模型。而度量货币政策的指标主要有:货币供应量、贴现率、利率。另外,通过以上的叙述,我们也可以看出,无论采用哪种研究方法、哪种指标来度量货币政策,就货币政策对股票价格的影响这一问题并没有得出一个统一的结论,即有的研究认为货币政策对股票价格有影响,而有的研究则认为货币政策对股票价格没有影响。

总体而言,该领域还有以下几点需要进一步研究:第一,目前这一领域的大多数研究主要以美国为主,而对美国之外的其他国家的研究则相对较少,因此加强对美国之外的其他国家的研究,会使这一问题得到更加广泛的验证,这是该领域今后研究的一个方向;第二,现存的几乎所有的研究都只关注货币政策对总体股票市场的研究,而对各行业股票的研究则寥寥无几,笔者认为,就货币政策对行业股票价格的影响进行深入研究,是今后该领域研究的另一个方向,这对于各类投资者和中央银行而言,也将会更加有意义。

第三节 研究思路与研究方法

一、研究思路

本书在借鉴国内外研究的基础上,遵循下述思路就货币政策对我国股票价格的影响进行研究。首先,本书分别研究了我国央行三大货币政策工具,即存款准备金率、再贴现率和公开市场操作对股票收益率和股票价格的影响。其次,本书研究了我国货币政策中介目标,即货币供应量对股票价格的影响。最后,蒙代尔-弗莱明模型表明,开放经济条件下不同国家的货币政策会影响其他国家的产出与价格水平等,因此根据蒙代尔-弗莱明模型的推论,我国股票价格会受到其他国家货币政策的影响,尤其是美国货币政策的影响,因此本书也研究了开放经济条件下货币政策对我国股票价格的影响。在这些定量研究中,一方面存款准备金率宣告对股票收益率的影响属于短期影响,而再贴现率、公开市场操作、货币供应量对股票收益率和股票价格的影响以及开放经济条件下货币政策对股票价格的影响都属于长期影响;另一方面,存款准备金率宣告、公开市场操作和货币供应量对股票收益率的影响都是在封闭条件下进行的,而再贴现率和开放经济条件下货币政策对股票价格的影响都是在开放经济条件下进行的。

综上所述,就货币政策对我国股票收益率和价格的影响这一问题进行研究时,本书遵循如下三条线索,即货币政策工具和货币政策中介目标对股票收益率和价格的影响相结合,短期与长期影响相结合,封闭经济条件和开放经济条件相结合。

二、研究方法

从国内外学术界对这一问题现有的研究结果来看,就货币政策对股票价格的影响可以分为两类,即理论研究(本书第二章会具体论述这一问题）与实证研究，其中实证研究占大多数。本书遵循这一传统，主要运用实证研究方法来研究货币政策对股票价格的影响。具体而言，本书采用事件研究法研究了存款准备金率宣告对股票收益率的影响，采用虚拟变量回归（dummy variable regression）模型研究了贴现率变动对股票收益率的影响，采用向量自回归模型分别研究了公开市场操作和货币供应量对股票价格的影响，以及采用施加了短期约束的结构式向量自回归（structural vector autoregression）模型研究了开放经济条件下货币政策对股票价格的影响。

第四节　结构安排、创新之处及需要进一步研究的问题

一、结构安排

第一部分即第一章是本书的导论部分。具体论述了选题背景及研究意义、货币政策对股票收益率和价格影响的研究现状、研究思路与研究方法和本书结构等问题。

第二部分包括第二章和第三章。第二章主要回顾了货币政策影响股票价格的相关理论与模型，并简要进行了述评。第三章系统梳理了货币政策影响股票价格的途径，即托宾q理论、财富效应渠道、资产负债表渠道和通货膨胀效应。第二部

分为接下来开展实证研究奠定了基础。

第三部分包括第四章、第五章、第六章、第七章和第八章。第四章采用事件研究法，分别就我国存款准备金率上调和下调对基于中国证监会行业分类的 13 个门类行业股票收益率的影响进行了实证研究。第五章根据央行贴现率的变动，将货币政策环境分为紧缩性的和扩张性的两类，在此基础上采用虚拟变量回归模型研究了货币政策环境对股票价格的影响。第六章用央行资产负债表中负债项下的央行债券来度量公开市场操作，在此基础上采用向量自回归模型研究了公开市场操作对我国股票价格的影响。第七章也采用向量自回归模型，分别研究了 M_0、M_1、M_2 对股票价格的影响。第八章，根据相关经济理论和经济运行的实际状况，采用施加了短期约束的结构式向量自回归模型，研究了开放经济条件下货币政策对我国股票价格的影响。

第五部分即第九章是结论部分，这部分系统总结了货币政策对股票价格影响的实证结果。在此基础上，回答了现阶段我国各类投资者是否应该关注央行货币政策的变动、我国央行在制定货币政策时是否应该考虑股票市场的变化以及货币政策是否应该对股票等资产价格波动作出反应等问题，最后还提出了提高我国股票市场的货币政策传导效率等方面的政策建议。本书写作框架如图 1-1 所示。

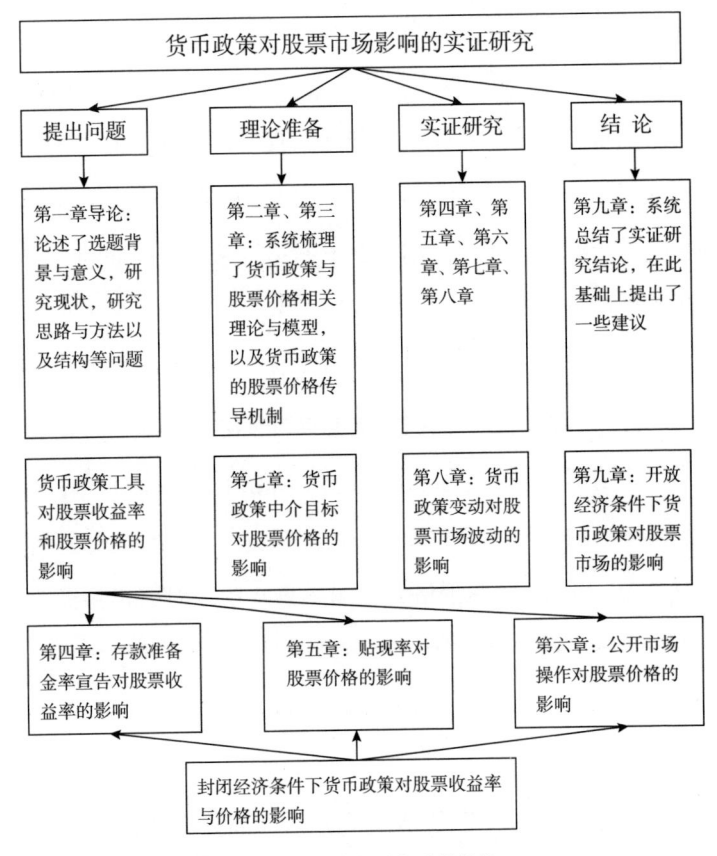

图 1-1　研究思路与安排结构

二、创新之处

在借鉴国内外研究的基础上，本书的创新之处主要有以下几点。第一，在央行的三大货币政策工具中，由于法定存款准备金率这一货币政策工具存在种种弊端，西方发达国家很少使用这一工具,这一客观因素的存在使得国外学术界无法就存款准备金率宣告对股票价格的影响进行研究,而国内学术界就这一问题进行研究的成果也是寥寥无几,高水平的研究成果几乎没有。因此本书采用事件研究法,分别就我国存款准备金率上调和下调对基于中国证监会行业分类的13个门类行业股票收益率的影响进行了实证研究。第二,从已有的研究文献来看,国内外目前还没有就央行贴现率变动如何影响我国股票价格方面的研究成果,本书首次采用贴现率来度量我国央行货币政策的变动,进而研究了其对我国股票价格的影响。第三,本书首次研究了公开市场操作对我国股票价格的影响。第四,在开放经济条件下,一国股票价格的变动不仅受自身货币政策的影响,而且还会受到其他国家尤其是美国货币政策的影响。本书根据蒙代尔－弗莱明模型,首次研究了开放经济条件下货币政策对我国股票价格的影响。

三、需要进一步研究的问题

由于个人能力所限,对这一问题的研究尚存在以下几方面的不足,同时这也是今后需要进一步加强研究的问题:第一,由于作为央行三大货币政策工具之一的公开市场操作比较难以度量,本书用央行资产负债表中负债项下的央行债券来度量公开市场操作,这种度量方法是否正确,还有待进一步检验；第二，根据金融学理论，货币政策对不同个股的影响应该是各不相同的，如大企业股票和小企业股票、现金流充足和现金流短缺的股票等对货币政策的反应，由于种种原因，本书未进行这样的尝试，因此这类研究将是该领域今后进一步研究的方向，对于投资者而言也将会更加具有现实意义；第三，虽然自2006年以来，我国存款准备金率的变动比较频繁，但是从统计学角度而言，样本量还不够大，因此本书就存款准备金率变动对股票价格影响的研究结论可能会随着样本规模的扩大而发生变化，这同样有待进一步检验。

第二章 货币政策影响股票价格的相关理论及模型

在经济学史上,许多著名经济学家的研究都不同程度地涉及货币与价格水平之间的关系问题,而对货币与价格水平之间关系的研究实际上蕴含着货币政策影响股票价格的思想。因此,系统梳理这些研究,有助于我们从根本上理解货币政策与股票价格之间的关系。这些理论主要包括:以现金交易学说和剑桥方程式为代表的古典货币数量论、现代货币数量论、理性预期理论以及有效市场假说理论等。此外,有些经济学家则根据相关理论,通过建立数学模型,证明了货币政策会影响股票价格。这些模型主要包括:效用函数中的货币模型、货币优先模型、交易成本模型以及结构性宏观经济模型。这些理论和模型为本书接下来的实证研究奠定了坚实的理论基础。

第一节　货币政策影响股票价格的相关理论基础

货币政策对股票价格的影响是金融经济学领域的重要研究课题，其理论基础深厚且复杂。随着金融市场的不断发展和创新，货币政策影响股票价格的理论也在不断丰富和完善。

一、古典货币数量论

古典货币数量论为理解货币政策对股票价格的影响提供了基础框架。费雪方程式和剑桥方程式分别从交易和持有货币的不同视角解释了货币与价格水平的关系。现代拓展主要体现在对货币需求函数的深化研究上。例如，鲍莫尔－托宾模型考虑了交易成本和不确定性对货币需求的影响，指出货币需求不仅与收入水平和利率相关，还取决于交易频率和风险偏好等因素。这些拓展使我们能够更全面地理解在不同经济环境下，货币政策通过影响货币需求进而作用于股票价格的机制。

古典货币数量论在西方货币理论中具有悠久的历史和广泛的影响力，它是对自18世纪中期到1936年凯恩斯出版《就业、利息和货币通论》这一时期关于价格水平决定的思想的称谓，该理论主要以"费雪方程式"和"剑桥方程式"为代表。

1. 费雪方程式

1911年，美国著名经济学家欧文·费雪（Irving Fisher）出版了其名著《货币的购买力》一书。在该书中，他对古典货币数量论作了清晰的阐述，并提出了以交易方程式为主要内容的现金交易数量论。费雪的理论用数学方程式可以表示为：

$$MV = PT$$

其中，M表示流通中的现金，V表示货币流通速度，P表示物价水平，T表示交易的商品总额。该式表明：如果V和T不变，则M与P成正比例关系；如果M与T保持不变，则P与V成正比例关系；如果M与V保持不变，则P与T成反比例关系。费雪特别强调如果V和T不变，则M与P成正比例关系。费雪认为，货币流通速度是由经济中影响个体交易方式的制度决定的，因此从长期来看，经济体中的制度和交易技术才会发生变化，从而对货币流通速度产生影响。但是短期内，货币流通速度是相当稳定的。费雪的货币数量论明确地将货币与物价水平联系起来，他还提出了新的见解，他已经认识到只关注实物的价格水平是不全面的，货币的变动会使价格水平发生变动，从而使得资本市场上的证券价格及证券交易量产生波动。[①]

2. 剑桥方程式

阿瑟·庇古（A.C.Pigou）是剑桥学派的代表人物之一，也是阿尔弗雷德·马歇尔（Alfred Marshall）的嫡传弟子。他根据

[①] 曹媛媛：《货币政策与股票市场价格行为研究》，博士学位论文，天津大学，2004年。

马歇尔的学说，在 1917 年发表的《货币的价值》一文中首次提出了"剑桥方程式"。剑桥方程式用数学公式可以表示如下：

$$M = kY = kPy$$

式中，P 表示物价水平，Y 代表以货币计量的国内生产总值，也即名义国内生产总值；y 为实际国内生产总值；k 为货币需求量和名义国民生产总值的比例，k 表示货币流通速度的倒数。这里的 M 与费雪方程式中的 M 在意义上所强调的方面略有不同，它代表人们对货币的需求量从而强调货币作为储藏手段的职能，于是，剑桥方程也就是剑桥学派的货币需求方程。这个方程表明，人们对货币的需求量取决于货币流通速度和名义国民收入两个因素，与货币流通速度成反比例关系，与收入成正比例关系。k 的大小取决于社会的商业习惯和制度等因素，在短期内固定不变，可以看作常数。y 在达到充分就业均衡时也是一个已知常数。因此，价格水平 P 同货币数量 M 成正比例关系，价格水平的高低取决于货币数量的多少。

由上可知，交易方程和剑桥方程虽然采用了不同的方程形式，但是它们不但在实质上是相同的，而且企图说明的内容也是相同的，即货币数量与价格水平之间存在直接的因果数量关系，价格水平的高低，取决于货币数量的多少，二者呈正相关关系。

二、现代货币主义

米尔顿·弗里德曼（Milton Friedman）的现代货币数量论强调货币供应量对名义收入的长期影响。实证检验方面，弗里德曼本人通过对美国历史数据的分析，验证了货币供应量与股票价格之间的正相关关系。然而，也有学者提出质疑，认为在短期内，货币供应量的变动可能受到其他因素的干扰，如财政政策、国际资本流动等，从而削弱了其对股票价格的影响。这些争议促使研究者不断改进实证方法，以更准确地捕捉货币政策与股票价格之间的动态联系。

1956年，弗里德曼在《货币数量论：一种重新表述》[1]这篇论文中，发展了古典货币数量论，在吸收和修正凯恩斯货币需求理论的基础上，提出了新的货币数量理论。弗里德曼和前人一样继续探讨人们为什么要持有货币，在他看来，影响货币需求的因素也必然是影响其他资产需求的因素。由此将货币需求理论应用到货币中来。弗里德曼认为货币需求量主要由以下几个因素决定。

第一，总财富。弗里德曼认为，总财富是决定货币需求量的一个重要因素。通常以收入来代替。

---

[1] Milton Friedman, *The quantity theory of money: a restatement, in studies in the quantity theory of money* (Chicago: University of Chicago Press, 1956), pp.3–21.

第二，非人力财富在财富中所占的比例。弗里德曼将总财富分为人力财富和非人力财富两部分。前者指有形的财富，包括货币持有量、债券、股票、资本品、不动产、耐用消费品等，后者指个人挣钱的能力，又称无形财富。弗里德曼认为，这两种财富是可以相互转换的，但由于受制度的限制，这种转化有一定的困难，主要是人力财富转化为非人力财富比较困难。例如当存在大量失业时，工人的人力财富就不容易转化为货币收入，而在未转变为收入之前，人们就需要货币来维持生存，因此，非人力财富在总财富中的比例大小对货币需求量就有影响。当人力财富在总财富中所占的比例越大，或非人力财富在总财富中所占的比例越小，则对货币的需求也越大，反之则越小。

第三，各种非人力财富的预期报酬率。弗里德曼认为，人们选择保存资产的形式除了各种有价证券外，还包括资本品、不动产、耐用消费品等有形资产。他还认为，在各种资产中，货币与其他有形资产之间按何种比例分割，取决于它们的预期报酬率。一般来说，各种有形资产的预期报酬率越高，愿意持有的货币就越少，因为这时人们以其他有形资产的形式来替代货币的形式保存在手中对自己更为有利。因此，债券的预期报酬率、股票的预期报酬率和物质资产的预期报酬率便成为影响货币需求量的因素。

第四，其他影响货币需求量的因素，例如资本品的转手量、个人偏好等。

三、理性预期理论

理性预期理论在货币政策对股票价格影响的研究中占据重要地位。该理论假设经济主体能够充分利用所有可用信息对未来的货币政策进行预测，并据此调整其投资和消费行为。深化研究主要集中在如何将理性预期理论与实际市场行为相结合。例如，一些研究探讨了当市场参与者面临信息不对称或认知偏差时，理性预期理论的适用性问题。这些研究有助于解释货币政策公告为何会引发股票市场的短期波动，以及投资者如何在长期中调整其预期以适应货币政策的变化。

在经济学中，预期是人们对未来的经济变量作出的一种估计，对人们的经济行为有重要的影响。20 世纪 70 年代，西方发达国家的经济普遍陷入了严重的滞胀状态，传统的凯恩斯主义对此局面却束手无策，"现代货币主义"理论对此也没有提出有效的治理政策。在此情况下，作为货币主义的延续和发展，西方经济学界出现了理性预期学派。该学派采用约翰·穆斯（John Muth）（1961）[1]提出的理性预期的观点，形成一系列

---

[1] John Muth, "Rational expectations and the theory of price movements," *Econometrica* 29 (1961): 315–335.

与凯恩斯主义截然相反的观点。理性预期学派十分强调理性预期的重要作用，并提出宏观调控当局在制定政策的过程中应该尽可能考虑到人们的预期。

理性预期是指运用一切可用的信息所作出的最佳预测。可以说，经济主体对经济变化的理性预期是有充分根据的和明智的，在很大程度上是可以实现的，并且不会轻易为经济主体所改变。理性预期理论认为预期到的货币存量的变化在长期和短期内都是中性的，但未预期到的货币存量的变化则是非中性的。如果人们具有理性预期，则将会利用所拥有的知识来对未来市场价格形成理性的判断，因此无论货币当局如何制定货币供应增长率，当事人都不会受到误导从而对价格作出错误的预测。理性预期理论虽然属于货币理论，但却与资本市场理论——有效市场理论有着密切的联系。

四、有效市场假说

有效市场假说为理解股票价格对货币政策反应提供了重要视角。传统有效市场假说认为股票价格能够迅速反映所有公开信息，包括货币政策变动。然而，现实市场中存在的一些现象，如动量效应、反转效应等，对这一假说提出了挑战。修正后的有效市场假说考虑了交易成本、信息获取成本以及投资者心理等因素对市场效率的影响，指出货币政策信息可能在一定时滞后才能被完全反映在股票价格中，这为我们理解股票市场的短期波动和货币政策的短期效应提供了新的解释路径。

1964年，Osberne提出了"随机游走理论"（Random Walk Theory），认为股票价格的变化类似于化学中的分子"布朗运动"（悬浮在液体或气体中的微粒所做的永不休止的、无秩序的运动），具有随机漫步的特点，即它变动的路径是不可预测的。Osberne提出资本市场价格遵循随机游走的主张，指出市场价格是市场对随机到来的事件信息作出的反应，投资者的意志并不能主导事态的发展，从而建立了投资者"整体理性"这一经典假设。受Osberne的启示和影响，美国芝加哥大学著名经济学家Eugene F. Fama于1965年在《商业学刊》（*The Journal of business*）上发表了一篇题为《股票市场价格行为》[①]的论文，并于1970年在其另外一篇论文《有效资本市场：理论与经验研究综述》[②]中深化和提出了"有效市场理论"。

有效市场理论假设参与市场的投资者都有足够的理性，能够迅速对所有市场信息作出合理的反应。该理论认为，在一个充满信息交流和信息竞争的社会里，一个特定的信息能够在股

[①] Eugene F. Fama, "The behavior of stock market prices," *The Journal of business* 38 (1965): 34–105.

[②] Eugene F. Fama, "Efficient Capital Markets: A Review of Theory and Empirical Work," *The Journal of Finance*, Vol. 25, No.2, May, (1970): 383–417.

票市场上迅速被投资者知晓。随后，股票市场的竞争将会驱使股票价格充分且及时反映该组信息，从而使得投资者根据该组信息所进行的交易不存在非正常报酬，而只能赚取风险调整的平均市场报酬率。只要证券的市场价格充分及时地反映全部有价值的信息、市场价格代表着证券的知识价值，这样的市场就称为"有效市场"。

Fama(1970)根据市场对信息反应的强弱将有效市场分为三种水平，即弱式有效市场、半强式有效市场和强式有效市场。

(1) 在弱式有效市场中，证券价格充分反映历史上一系列交易价格和交易量中所隐含的信息，因而投资者不可能通过分析以往价格获得超额利润。也就是说，使用当前及历史价格对未来作出预测将是徒劳的。要想取得超额回报，必须寻求历史价格信息以外的信息。在该市场中，信息从产生到被公开的效率受到损害，即存在"内幕信息"。投资者对信息进行价值判断的效率也受到损害。并不是每位投资者对所披露的信息都能作出全面、正确及时和理性的解读和判断，只有那些掌握专门分析工具和具有较高分析能力的专业人员才能对所披露的信息作出恰当的理解和判断。

(2) 在半强式有效市场中，证券当前价格完全反映所有公开信息，不仅包括证券价格的序列信息，还包括有关公司价值、宏观经济形势和政策方面的信息。如果市场是半强式有效的，那么仅仅以公开资料为基础的分析将不能提供任何帮助，因为针对当前已公开的资料信息，目前的价格是合适的，未来的价格变化依赖于新的公开信息。在这样的市场中，只有那些拥有内幕信息者才能获得非正常的超额回报。因此，在半强式有效市场中，已公布的基本面信息无助于分析师挑选价格被高估或低估的证券，基于公开资料的基础分析毫无用处。

（3）在强式有效市场中，证券价格总是能及时充分地反映所有相关信息，包括所有公开信息和内幕信息。任何人都不可能再通过对公开或内幕信息的分析来获取超额收益。在该市场中，有关证券产品信息的产生、公开、处理和反馈几乎是同时的，而且有关信息的公开是真实的，信息的处理是正确的，反馈也是准确的。结果，在强式有效市场中，每位投资者都掌握了有关证券产品的所有信息，而且每位投资者所占有的信息都是一样的，每位投资者对该证券产品的价值判断都是一致的。证券的价格反映了所有即时信息。在这种市场中，任何企图通过寻找内部信息资料来打击市场的做法都是不明智的。在强式有效市场假设下，任何专业投资者的边际市场价值为零，因为没有任何资料来源和加工方式能够稳定地增加收益。对于证券组合的管理者来说，如果市场是强式有效的，管理者会选择消极保守的态度，只求获得市场平均的收益水平。管理者一般模拟某一种主要的市场指数进行投资。而在弱式有效市场和半强式有效市场中,证券组合的管理者往往是积极进取的,在选择证券和买卖时机上下大功夫,努力寻找价格偏离价值的证券。

货币政策作为影响股票价格的一个重要因素,是股票市场上的一种重要信息。根据有效市场理论,投资者如果能够利用货币政策变动的相关信息获取超额收益,这就说明该股票市场是无效的;如果利用货币政策变动的相关信息无法获取超额收益,则说明该市场至少是弱有效的。

第二节 理论模型

迄今为止,就货币政策影响股票价格这一问题的研究可以被分为两种,即理论研究和实证研究。这些理论模型可以分为四种类型,即效用函数中的货币模型(MIU 模型)、货币先行模型、交易成本模型以及结构性宏观经济模型。

一、效用函数中的货币模型

效用函数中的货币模型由 Sidrauski(1967)首先提出,Leroy(1984)、Danthine & Donaldson(1986)、Stulz(1986)、Boyel(1990)等人使用并发展了这一模型。该模型假定,行为

人的效用既来自对物品的消费，也来自对货币的持有。持有货币能够直接带来效用的原因在于货币的使用在"需求双向不吻合（No Double Coincidence of Wants）"的交易中减少了购物时间，而时间是能够为人们带来效用的。但要增加货币持有量就必须减少行为人的消费量或证券拥有量，而这同样会为行为人带来效用。因此，行为人要使其效用最大化，需要在货币持有量与其消费量或证券拥有量之间进行选择。如果稳态下经济模型的货币需求为正，它能为人们带来效用，那么，货币就具有了正的价值。MIU 模型是首次在均衡分析中使货币真正具有正价值的模型。

Bakshi & Chen（1996）首先研究其模型的离散时间版本，然后再对模型进行连续时间限制。在模型中，代理行为人被赋予一个对数期的效用函数，选择消费路径 c_t 和实际货币余额 $m_t = M_t / P_t$，因此为了最大化

$$\sum_{t=0}^{\infty} e^{-\rho t}[\phi \ln c_t + (1-\phi) \ln m_t]\Delta t \qquad (2.1)$$

其中，$0 \leq \phi \leq 1$。

$$M_t + (Q_t + P_t y_t \Delta t) z_t = P_t c_t \Delta t + Q_t z_{t+\Delta t} \qquad (2.2)$$

式（2.1）受式（2.2）的预算约束，式（2.2）中 Q_t 代表股票价格，z_t 代表股票持有量，在均衡条件下要求市场出清，即 $c_t = y_t$，$M_t = M_t^s$，且 $z_t = 1$（可获得的股票数量被标准化为 1）。

Bakshi & Chen（1996）首先考虑了一种为了获得产出与货币而由布朗运动过程驱动的经济：

$$\frac{dy_t}{y_t} = \mu_t dt + \sigma_y d\omega_{y,t} \qquad (2.3)$$

$$\frac{dM_t}{M_t} = \mu_M dt + \sigma_M d\omega_{M,t} \qquad (2.4)$$

其中，μ_t 和 μ_M 分别代表预期产出增长率和预期货币增长率，而式（2.4）中最后一项代表白噪声误差性。在由布朗运动驱动的经济中，发现实际股票价格 q_t 与实际产出成正比例关系，即

$$q_t = \frac{y_t}{\rho} \qquad (2.5)$$

股票的实际收益率等于产出增长率，即

$$\frac{dq_t}{q_t} = \mu_y dt + \sigma_y d\omega_{y,t} \qquad (2.6)$$

而价格水平由具有不变货币流通速度的交易方程决定，即

$$P_t = \frac{\phi}{1-\phi}(\rho + \mu_M - \sigma_M^2)\frac{M_t}{y_t} \qquad (2.7)$$

通货膨胀由实际产出和货币冲击引起，即

$$\frac{dP_t}{P_t} = \pi_t dt + \sigma_M d\omega_{M,t} - \sigma_y d\omega_{y,t} \qquad (2.8)$$

由式（2.6）和式（2.8）可得：

$$\text{cov}_t(\frac{dq_t}{q_t}, \frac{dP_t}{P_t}) = \text{cov}_t(\frac{dy_t}{y_t}, \frac{dM_t}{M_t}) - \text{var}_t(\frac{dy_t}{y_t}) \qquad (2.9)$$

在式（2.9）中，除非协方差项在很大程度上大于方差项（此时

货币政策是顺周期的），否则上式将是负的。从式（2.6）也可以得出，实际股票收益与货币增长的协方差等于产出增长与货币增长的协方差，即

$$\text{cov}_t(\frac{dq_t}{q_t}, \frac{dM_t}{M_t}) = \text{cov}_t(\frac{dy_t}{y_t}, \frac{dM_t}{M_t}) \qquad (2.10)$$

如果货币政策是顺周期的，那么式（2.10）中的协方差为正；如果货币政策是逆周期的，那么该协方差为负。

MIU 模型开创了从行为人追求效用极大化来推导货币需求问题的先河，得出了在均衡状态下货币需求为正的结论。然而，该模型的假设前提是，货币的使用能减少购物时间，却没有直接去模拟为什么没有货币时交换就会困难。此外，该模型中隐含的假定货币是唯一的交换媒介，但模型中并没有任何明确的限制条件来达到这一目的。事实上，由于货币的回报率最低，人们完全可以以非货币形式持有财富，而只是在交换时才将一部分非金融资产换成货币。如果是这样，人们最优的决策就是将所有储蓄都放在生产资本或债券上，而不放在货币上。如果所有人都这么做，那么货币的需求只在一瞬间为正，而其他时候均为零。

二、货币先行模型

该模型由 Clower（1967）首先提出，该模型的前提是消费

必须用货币来购买,从技术上讲,这相当于给模型增加了一个现金约束。货币先行模型的优点在于,它在保持动态最优分析的同时也可以很容易地推导出货币需求。Lucas(1982)采用了Clower(1967)的建议,建立了一个模型,在该模型中,代理人为了购买消费品,必须满足货币优先这一约束条件。Day(1984)、Lucas(1984)、Svensson(1985)、Lucas & Stockey(1987)、Labadie(1989)、Giovannini & Labadie(1991)、Boyle & Peterson(1995)采用并发展了该模型。

Lucas的基本模型以下列方式建立,即代理行为人将前一期持有的货币和股票带入本期。他的货币数量直线下降并且证券市场开市交易,股票市场收盘后商品市场开始交易,且规定商品必须用现金购买。商品市场闭市,代理人以货币形式收取股息,并且该红利被带入下期。

代理人的问题在于选择消费 c_t、货币持有量 M_t 和股票数量 z_t,给定商品价格 P_t 和实际股票价格 q_t,那么为了最大化

$$E_0 \sum_{t=0}^{\infty} \beta^t u(c_t) \tag{2.11}$$

受预算约束

$$\frac{M_t}{P_t} + q_t z_t \leq (q_t + y_{t-1}\frac{P_{t-1}}{P_t}) z_{t-1} + \frac{M_{t-1} - P_{t-1}c_{t-1}}{P_t} + \frac{M_t^s - M_{t-1}^s}{P_t} \tag{2.12}$$

和货币优先约束

$$M_t \geq P_t c_t \quad (2.13)$$

对于每一项 $t \geq 0$，这些限制受最优解决方案的约束。

根据
$$y_t = \eta_t y_{t-1} \quad (2.14)$$
$$M_t^s = \mu_t M_{t-1}^s \quad (2.15)$$

得到外生变量，其中 η_t 和 μ_t 分别是产出和货币的随机增长率。在均衡时，我们要求每一个 $t \geq 0$，都有

$$c_t = y_t, \ z_t = 1, \ M_t = M_t^s \quad (2.16)$$

使用货币先行约束条件和均衡条件，随着单位速度，我们可以得到一个有单位速度的由货币数量论决定的价格水平：

$$P_t = \frac{M_t^s}{y_t} \quad (2.17)$$

对股票价格而言，我们用该价格水平和均衡条件代替欧拉方程中的消费，将得到股票的均衡价格：

$$q_t = \beta E_t \left[\frac{u'(y_{t+1})}{u'(y_t)} \left(q_{t+1} + \frac{y_{t+1}}{\mu_{t+1}} \right) \right] \quad (2.18)$$

其中，μ_{t+1} 是货币增长率。假定货币供给过程独立于禀赋过程，我们得到：

$$q_t = \beta E_t \left[\frac{u'(y_{t+1})}{u'(y_t)} q_{t+1} \right] + \beta E_t \left[\frac{u'(y_{t+1})}{u'(y_t)} y_{t+1} \right] E_t \left[\frac{1}{\mu_{t+1}} \right] \quad (2.19)$$

从该方程清楚地看到，对货币紧缩预期的不断增加对实际股票价格产生正的影响，即 $\dfrac{\partial q_t}{\partial E_t [1/\mu_{t+1}]} > 0$。货币紧缩会使通货膨胀

水平更低，并且将更强的现金股利购买力带入下一期。这将使股票更具价值且使实际股票价格更高。

Boyle & Peterson（1995）扩展了上述模型，以解决货币政策是否有效这一问题。他们假定货币当局的目标是货币增长率，在此假定下扩展上述模型。这里我们将给出 Boyle & Peterson（1995）模型的简化形式，假定货币政策得到完全执行。在 Boyle&Peterson 模型中，根据下式得到产出：

$$y_t = \lambda_t y_{t-1} \tag{2.20}$$

其中，增长因子 λ_t 的分布已知，货币当局的反应方程为：

$$\mu_t = k\lambda_t^\varepsilon \tag{2.21}$$

其中，$k>0$ 是常数，ε 是度量货币当局对产出冲击反应的弹性，Boyle & Peterson 表明，在常数相对风险规避的假定下，如果 $\beta E\left[\lambda_t^{1-\gamma}\right]<1$，那么均衡的实际股票价格方程可写为：

$$q_t = \frac{\beta y_t E\left[\lambda^{1-\gamma-\varepsilon}\right]}{k\left(1-\beta E\left[\lambda^{1-\gamma}\right]\right)}, \tag{2.22}$$

其中，E 是无条件期望因子，γ 是相对风险规避的系数。注意到实际股票价格依赖于货币政策参数 ε。

Boyle & Peterson 模型的一个核心结果，是关注股票收益与通货膨胀间的相关是如何依赖于货币政策的。从式（2.22）我们得到，资本收益因子 q_t^* 等于产出增长因子，即

$$q_t^* = q_t/q_{t-1} = y_t/y_{t-1} = \lambda_t \qquad (2.23)$$

运用式（2.17）和式（2.21），我们看出通货膨胀因子 π_t 是产出增长因子的非线性函数

$$\pi_t = P_t/P_{t-1} = \left(M_t^s/M_{t-1}^s\right)(y_t/y_{t-1}) = \mu_t \lambda_t^{-1} = k\lambda_t^{\varepsilon-1} \qquad (2.24)$$

因此，$\mathrm{cov}(\ln q_t^*, \ln \pi_t) = \mathrm{cov}(\ln \lambda_t, (\varepsilon-1)\ln \lambda_t) = (\varepsilon-1)\mathrm{var}(\ln \lambda_t)$。这样，如果货币政策是强烈的顺周期的（$\varepsilon > 1$），那么股票收益就与通货膨胀呈正相关关系；若货币政策是弱顺周期的（$0 \leqslant \varepsilon < 1$）或逆周期的（$\varepsilon < 0$），那么股票收益就和通货膨胀呈负相关关系。货币政策因此可以解释股票收益与通货膨胀间的负相关关系。

三、交易成本模型

Marshall（1992）认为，货币降低了消费的交易成本，那么代理问题就是在消费 c_t、货币持有量 M_t 和股票数量 Z_t 之间进行选择，给定商品价格 P_t 和实际股票价格 q_t，为了最大化

$$E_0 \sum_{t=0}^{\infty} \beta^t u(c_t) \qquad (2.25)$$

式（2.25）受

$$c_t + \varphi(c_t, m_t) + \frac{M_{t+1}}{P_t} + q_t z_{t+1} \leqslant (q_t + y_t)z_t + m_t + \frac{M_t^s - M_{t-1}^s}{P_t} \qquad (2.26)$$

的预算约束。对于所有的 $t \geqslant 0$，函数 $\varphi(c_t, m_t)$ 都代表实际交易

成本。它是消费的正相关函数，是实际货币余额的负相关函数，即 $m_t = M_t / P_t$。式（2.26）右边最后两项代表 t 时期为了交易可获得的实际货币余额，它等于前期获得的实际余额加一次性转移总额。预算约束将受最优解的限制，在均衡时我们要求每个 $t \geq 0$，即

$$c_t = y_t - \varphi(c_t, m_t), \ z_t = 1, \ M_t = M_t^s \quad (2.27)$$

Marshall 得到了股票的实际价格，即

$$q_t = E_t [\rho_{t+1}(y_{t+1} + q_{t+1})], \quad (2.28)$$

其中，$\rho_{t+1} = \dfrac{\beta u'(c_{t+1})}{u'(c_t)} \cdot \dfrac{1 + \varphi_1(c_t, m_t)}{1 + \varphi_1(c_{t+1}, m_{t+1})}$，它代表财富的跨期边际替代率。根据条件单一 β 模型，资产 i 的预期超额收益可以写为：

$$E_t r_{t+1}^i - r_t^f = -\beta_t^i \left[\dfrac{\mathrm{var}_t(\rho_{t+1})}{E_t \rho_{t+1}} \right], \quad (2.29)$$

其中 r_{t+1}^i 是资产 i 的实际收益，r_t^f 是实际无风险利率，并且 $\beta_t^i = \mathrm{cov}_t(r_{t+1}^i, \rho_{t+1}) / \mathrm{var}_t(\rho_{t+1})$。例如，对股票的实际收益，$r_{t+1}^q = (y_{t+1} + q_{t+1}) / q_t$，对货币的实际收益，$r_{t+1}^m = [1 + \varphi_2(c_{t+1}, m_{t+1})] / \pi_{t+1}$。假设 β_t^i / β_t^m 这一比率很少变动，那么一起代表这两项资产的单一 β 就意味着

$$\begin{aligned} & sign \left[\mathrm{cov} \left(E_t r_{t+1}^q - r_t^f, E_t \pi_{t+1} \right) \right] \\ & = sign \left[\beta_t^q / \beta_t^m \right] \cdot sign \left[\mathrm{cov} \left(E_t r_{t+1}^m - r_t^f, E_t \pi_{t+1} \right) \right] \end{aligned} \quad (2.30)$$

式（2.30）右边的协方差项应当是负的，因为通货膨胀对实际货币收益的直接影响应当大于通过边际交易成本 φ_2 的变动带来的间接影响。如果 β_t^q/β_t^m 为正，那么股票的预期超额收益将与预期通货膨胀共同负向变动。由于股票应当产生正的超额收益，这意味着 β_t^q 为负。如果 β_t^m 也为负，该比率就为正。如果通货膨胀主要是由产出冲击而不是由货币冲击引起的，那么负的 β_t^m 值就很有可能，这是因为产出冲击使跨期边际替代率（由于凹的效应）和通货膨胀率下降（为了平衡数量关系）。通货膨胀率的下降会转变为实际货币收益的增加。这样，货币实际收益和跨期边际替代率的共同负向变动意味着 β_t^m 是负的。另一方面，当通货膨胀主要是由货币增长冲击引起时，β_t^m 的符号依赖于交易成本函数的衍生品，这使该符号不确定。在一项模拟研究中，该模型表明通货膨胀率与实际股票收益之间存在负向关系。

四、结构性宏观经济模型

Lachler（1983）采用了一个简单的新古典主义模型，来研究预期通货膨胀率的上升对实际股票价格的短期影响。通货膨胀非中性的原因在于，证券收益的有效税率随着通货膨胀率的变动而变动。与早期类似的研究不同，这项研究在一个简单的宏观经济模型框架内明确考虑了政府的预算约束，而不只是刻画相关证券市场。如何使用通货膨胀税收益对结果至关重要。Lachler 区分了各种情况下不断上涨的通货膨胀税收益，是否或者如何被其他减少的税收所抵消。他表明，如果通货膨胀税被更低的收入税率所抵消，那么（对于所有的合理参数值）更高的通货膨胀率会导致更低的股票价格。负的税收效应将在一定程度上由其他替代效应缓解，因为投资者会用股票等选择性资产来替代货币。另外，如果更低的公司税率抵消了通货膨胀税，那么更高的通货膨胀率将会使实际股票价格更高。如果通货膨胀税没有被抵消，那么这种效应也应当是正的（因为合理的参数值）。

Groenewold、O'Rourke & Thomas（1997）运用投资组合平衡法来研究股票收益与预期通货膨胀率之间的负向关系是不是因为股票收益方程中未包含一些变量，其目的是从一个简单的结构性宏观经济模型中得到一个简化的方程，将所有变量都纳入实际股票方程中。他们就货币、国内债券、外国债券和股票假定了四种实际资产需求函数，即

$$m^d = m^d\left(-\pi^e, i-\pi^e, i^f + \dot{e}^e/e - \pi^e, i^s - \pi^e, y\right),$$

$$b^d = b^d\left(-\pi^e, i-\pi^e, i^f + \dot{e}^e/e - \pi^e, i^s - \pi^e, y\right),$$

$$b^{fd} = b^{fd}\left(-\pi^e, i-\pi^e, i^f + \dot{e}^e/e - \pi^e, i^s - \pi^e, y\right),$$

$$s^d = s^d\left(-\pi^e, i-\pi^e, i^f + \overset{\bullet e}{e}/e - \pi^e, i^s - \pi^e, y\right),$$

其中，自变量既是四项资产的预期实际收益，又是实际收入，y。π^e 是预期通货膨胀率，$i(i^f)$ 是国内（外国）债券的名义利率，$\overset{\bullet e}{e}$ 是汇率贬值的预期比率，i^s 是股票收益，实际收入是由产品市场出清条件内化的，$y = c(y-u) + v(i-\pi^e) + t(eP^f/P) + g$。其中，$c(\cdot)$ 是实际消费，$v(\cdot)$ 是实际投资，$t(\cdot)$ 是实际贸易余额，eP^f/P 是实际汇率，g 是实际政府支出。预期变量 π^e 和 $\overset{\bullet e}{e}$ 是通过估计包括模型的唯一滞后变量作为回归元的一般预测方程得到的。从该模型中，Groenewold、O'Rourke & Thomas 得到了一个简化的实际股票收益方程：

$$i_t^s = \delta_0 + \delta_1\left(i_t^f + \overset{\bullet e}{e}/e_t\right) + \delta_2 g_t + \delta_3\left(e_t P_t^f/P_t\right) + \delta_4 u_t + \delta_5 \pi_t^e + \delta_6 m_t$$

(2.31)

在估计方程前，Groenewold、O'Rourke & Thomas 将股票收益作为 1960 年 3 月至 1991 年 9 月这段时期内澳大利亚一系列数据的唯一解释变量，对预期通货膨胀率做回归，他们发现股票收益与预期通货膨胀率之间存在负的但不显著的关系。而当他们继续估计式（2.31）时，结果变得更大且统计上显著。因此，他们推断，该异常不是错误设定方程的结果。他们接着估计结构模型（通过二阶段最小二乘法来考虑联立性问题）。该模型的不同版本接着被模拟以试图找到股票收益与预期通货膨胀率之间的负相关性的原因。他们发现模型的 IS-LM 部分与股票收益方程间的联系，对于找到实际股票收益与预期通货膨胀率之间的负相关关系至关重要。他们由此断定，在他们的简单宏观经济模型中，股票收益与通货膨胀率之间的负向关系不再是一个难题。

第三章　货币政策的股票价格
　　　　　传导机制

货币政策传导机制是金融学的中心问题之一，也是货币政策理论的核心内容。[①] 它是指中央银行运用货币政策工具影响货币政策中介目标，进而影响货币政策最终目标的一整套机制理论。畅通的货币政策传导渠道是经济稳定发展的必要条件，也是货币政策有效的重要标志。传统货币政策理论认为，利率是货币政策传导的主要途径。然而随着金融结构的变迁与股票市场等资产市场的不断发展，国外大量的理论与实证研究表明，股票价格等资产价格也是货币政策传导的重要渠道。

在评估货币政策传导机制时，需考虑其多渠道性和复杂性。货币政策不仅通过利率渠道影响经济主体的行为，还通过资产价格、信贷供应、汇率等多渠道发挥作用。例如，在经济衰退期间，信贷市场可能紧缩，导致传统的利率渠道失效，此时中央银行可能需要通过非传统的货币政策工具，如量化宽

---

① 陈雨露:《金融学文献通论·宏观金融卷》，中国人民大学出版社，2006，第28页。

松，来增强货币政策的传导效果。此外，金融市场的结构和监管环境对货币政策传导机制的有效性也至关重要。严格的金融监管可能限制金融机构的风险承担能力，从而影响货币政策通过银行信贷渠道的传导。

第一节　货币政策传导机制的评估框架[①]

在经济学中，有两种类型的实证分析框架：第一种是结构模型实证分析（structural model evidence），它是指先利用数据建立一个模型，这个模型能解释一个变量通过什么途径去影响另一个变量，从而揭示前者对后者是否有影响；第二种是简化形式实证分析（reduced-form evidence），它通过直接观察两个变量之间的关系，来说明其中一个变量是否对另一个变量有影响。对于这两种实证分析方法，不同学派的经济学家有各自不同的偏好。凯恩斯主义经济学家通常偏好结构模型实证分析，而货币主义经济学家则偏好简化形式实证分析。

一、结构模型实证分析

结构模型的优势在于其能够详细描述经济主体的行为和

[①] 弗雷德里克·S·米什金：《货币金融学（第7版）》，郑艳文译，中国人民大学出版社，2006。

政策变量之间的因果关系。然而,其正确性依赖于模型假设的合理性。如果模型中遗漏了关键变量或错误地设定了变量间的关系,结构模型的结论可能产生偏差。例如,在评估货币政策对股票市场的影响时,若未充分考虑金融市场的摩擦和信息不对称因素,模型可能高估或低估货币政策的实际效果。

凯恩斯主义经济学家常常通过建立一个结构模型,来分析货币对宏观经济的影响。该模型通过一系列等式来描述不同经济部门中企业和消费者的行为,进而揭示经济的运行方式。这些等式反映了宏观经济政策影响总支出水平的途径。凯恩斯的结构模型可用下图表示:

$$M \rightarrow i \rightarrow I \rightarrow Y$$

其中,M代表货币供应量,i代表利率水平,I代表投资水平,Y则代表总产出水平。该模型表示:货币供应量的变动会影响利率水平,而利率水平的变动会影响投资水平,投资水平的变动则会影响总产出水平。从而说明货币供应量与总产出水平之间的关系。

二、简化形式实证分析

货币主义经济学家则没有描述货币供应量对总产出的影响方式,而是通过描述Y的运动是否与M的运动之间存在密切相关关系,来分析货币对经济的影响。利用简化的实证分析模型，货币主义经济学家分析了 M 对 Y 的影响，认为经济活动是一个黑箱。货币主义的简化模型可用下图表示：

$$M \rightarrow \boxed{\ ?\ } \rightarrow Y$$

三、两种模型的比较

通过上述内容我们可以看出，结构模型实证分析的优点在于它能够帮助我们理解经济是如何运行的，具体如下。

第一，因为可以独立评估每种传导机制，所以在货币是否对经济有重要影响这一问题上，我们能获得更多的实证数据。第二，了解了货币政策的改变如何对经济活动产生影响之后，我们可以更精确地预测货币供应量对经济活动的作用。第三，通过了解经济的具体运行过程，我们可以更加准确地预测经济社会的制度变迁同 M 与 Y 之间的联系。但是上述三点说明，只有在知道正确的结构模型的情况下，这种方法才优于简化结构模型，倘若不知道正确的结构模型，遗漏了重要的经济变量，与简化模型相比较，这种方法就毫无优势可言。

与结构模型相比较，简化模型并未限定货币政策影响经济活动的途径。如果对货币政策的传导机制没有准确把握，我们就可以通过分析货币供应量变动是否与总产出变动之间存在相关关系，来确定 M 对 Y 的影响。但是，在经济学中，两种变量之间存在相关关系并不能由此得出两者之间存在因果关系。简化模型的不足之处在于，即使实证分析表明货币供应量与经济总产出之间存在相关关系，也不能由此推断两者之间存在因果关系，即货币供应量是总产出变动的原因，或总产出是货币供应量变动的原因。

通过上述分析我们可以看出，这两种模型没有高低之分，而是各有千秋。结构模型能够解释经济是如何运行的。如果模型正确，它能使我们更准确地预测货币政策对实体经济的影响，也能使我们了解到在制度变迁条件下货币政策的作用，还能使我们准确理解货币供应量与总产出水平之间因果关系的方向。但是如果研究中忽略了重要变量，那么从该模型推导出的结论自然就不正确。另外，在实际研究工作中，研究者通常很难知道该模型包括哪些变量，因此结构模型在实际操作中存在很多困难。虽然简化模型不拘泥于货币政策影响经济的途径，更容易把握货币供应量对总产出的全部影响，但是由简化模型不能确定货币供应量与总产出之间孰为因孰为果。

第二节　货币政策的股票价格传导机制

理论分析表明，货币政策的变动会影响货币供应量，货币供应量的变动则会改变股票市场上的资金供求关系，在其他条件保持不变的情况下，货币供应量变动会使股票价格呈正相关变动，股票价格的变动会通过托宾 q 效应、非对称效应、财富效应、资产负债表效应等渠道影响消费与投资，最终影响实际产出的变动。

货币政策通过影响企业市场价值与重置成本之比（托宾 q 值）来影响企业投资行为。当货币政策宽松时，企业股票价格上升，q 值增加，企业倾向于通过发行股票融资进行投资，从而推动经济增长。然而，托宾 q 效应的有效性依赖于资本市场的完善程度和企业的融资结构。在资本市场不发达或企业融资渠道受限的情况下，托宾 q 效应的传导效果可能较弱。此外，市场预期和投资者信心也在托宾 q 效应中扮演重要角色。如果投资者对未来的经济前景和企业盈利能力持乐观态度，即使在货币政策收紧时，也可能维持较高的股票价格，从而部分抵消 q 值下降对投资的负面影响。

一、托宾 q 效应

托宾（Tobin）（1969）在 JMCB（*Journal of Money, Credit and Banking*）上发表了开创性的论文《货币均衡的一般方法》，这篇论文和其 1978 年发表的另外一篇论文是我们理解货币政策的股票价格传导机制的主要文献。托宾（1969）将 q 定义为企业的市场价值与企业的重置成本之比，在这两篇论文中，托宾指出货币政策是影响托宾 q 发生变化的重要因素。

托宾创立的一种用于解释货币政策通过股票价值来影响经济机制的理论,被称为托宾 q 理论。托宾将 q 定义为:$q=$ 企业的市场价值 ÷ 企业重置成本。当 $q>1$ 时,企业的市场价值高于企业重置成本,说明建造新的厂房和购买新的设备比较便宜。这时企业就会发行股票,其价格相对于企业重置成本相对较高。由于企业发行少量的资本就可以购买到大量的资本品,因此企业的投资支出将会增加。反之,当 $q<1$ 时,企业的市场价值低于企业重置成本,说明建造新的厂房和购买新的设备比较昂贵,企业不会购买新设备和建造新厂房。如果在 $q<1$ 时企业希望增加资本,他们就会低价购买其他企业,这时企业就不会投资新资本。

上述论述表明,托宾 q 和投资支出之间存在联系。当中央银行实施扩张性货币政策时,公众发现手中的货币持有量超过了其需求量,他们希望将多余的货币支出。此时他们会将手中多余的货币投入股票市场,用来购买股票。这样对股票的需求就会增加,在供给保持不变的情况下,股票的价格就会上涨。而高股价会使 q 升高,结果致使投资支出增加。相反,当中央银行实施紧缩性货币政策时,公众的货币需求量超过其持有量,他们会将投资于股票市场的资金撤出,这样对股票的需求就会减少,股票价格随之下降。而股价下跌会使 q 下降,结果致使投资支出减少。其传导机制可表示如下:

$$M\uparrow \longmapsto P\uparrow \longmapsto q\uparrow \longmapsto I\uparrow \longmapsto Y\uparrow$$

其中，M 代表货币供应量，P 代表股价，q 是托宾 q，I 是投资，Y 是经济总产出。

二、莫迪利安尼的财富效应理论

莫迪利安尼（Modigliani）对储蓄的生命周期模型的研究表明：消费者支出是由消费者一生的财富所决定的。消费者财富的一个重要组成部分是金融财富，而股票是金融财富的重要组成部分。扩张性货币政策会使股票价格上升，股价的上升会使持有人的财富增加，这会引起消费的增加。相反，紧缩性货币政策会使股票价格下降，股价的下降会使持有人的财富减少，这会引起消费的减少。即

$$M\uparrow \longmapsto P\uparrow \longmapsto W\uparrow \longmapsto C\uparrow \longmapsto Y\uparrow$$

其中，M 代表货币供应量，P 代表股价，W 代表财富，C 代表消费，Y 是经济产出。

财富效应的传导还受到社会保障体系和收入分配格局的影响。在社会保障体系完善、收入分配相对公平的国家，消费者对未来收入的预期更为稳定，财富效应可能更易于发挥。相反，在社会保障不足、收入差距较大的社会，消费者可能更倾向于储蓄而非消费，即使股票价格上涨带来财富增值，也可能不会显著增加消费支出。此外，财富效应还与金融市场的发展

阶段有关。在新兴市场国家，股票市场的波动性较大，投资者风险偏好较高，财富效应可能表现出更大的波动性。

三、企业资产负债表效应

在不完全竞争金融市场上，信息不对称问题的存在，为货币政策的股票价格传导机制提供了另外一条渠道——资产负债表渠道（Goodhart & Hoffmann，2003）。在不完全竞争金融市场上，借款人在对贷款的具体运用等方面，拥有比银行更多的信息，市场的均衡投资水平由借款者的资产负债表状况决定，即借款人净值与负债之比。公司的净值越低，就越可能发生逆向选择和道德风险问题。公司的净值越低，公司贷款的有效抵押就越少，因此，逆向选择问题就越严重，因而可能导致投资借款量的下降。净值较低的公司的道德风险问题也普遍存在，因为这些公司往往更愿意从事高风险的投资项目，一旦失败，亏损就很大，所以就可能导致银行贷款无法收回，因此银行不愿发放贷款，贷款减少会使投资水平下降。扩张性的货币政策会使公司股价上涨，从而使公司净值得以提高，公司净值提高会使贷款增加，贷款增加会使投资支出增加，投资支出增加会使总产出增加。相反，紧缩性的货币政策会使公司股价下跌，从而使公司净值下跌，公司净值下跌会使贷款减少，贷款减少会使投资支出下降，投资支出下降会使总产出减少。即

$$M\uparrow \longrightarrow p\uparrow \longrightarrow NW\uparrow \longrightarrow I\uparrow \longrightarrow L\uparrow \longrightarrow Y\uparrow$$

其中，M代表货币供应量，P代表股价，NW代表公司净值，I代表投资支出，L代表借款，Y是经济产出。

企业资产负债表效应还受到宏观经济环境和行业竞争格局的影响。在经济繁荣时期，企业盈利能力和现金流状况良好，货币政策的宽松可能进一步推动企业扩张和投资。而在经济衰退时，即使货币政策宽松，企业也可能因市场需求不足而谨慎投资。此外，行业竞争程度也影响资产负债表效应的发挥。在竞争激烈的行业中，企业可能更注重市场份额的扩大和成本控制，对货币政策的反应可能更为积极。而在垄断或寡头垄断行业中，企业可能通过调整价格而非产量来应对货币政策变化，从而削弱资产负债表效应。

四、家庭资产负债表效应

货币政策股票市场传导机制的另一种资产负债表渠道是家庭资产负债表对消费者耐用品和家庭支出的流动性效应的影响。根据流动性效应，资产负债表效应通过对消费者支出的意愿而起作用。由于市场中存在信息不对称问题，消费者的耐用品和不动产被认为是非流动性资产。如果收入减少，消费者就需要卖掉其耐用品和不动产来增加货币，以增加流动性。如果消费者在紧急情况下出售其不动产，他们就不能得到这些资产的全部价值，会遭受损失；相反，如果消费者持有流动性较强的金融资产（如股票等），他们在需要货币时就很容易出售这些流动性强的资产。因此如果消费者预期自己未来可能会陷入经济困境，就会少持有非流动性的耐用品和不动产，而会持有更多的流动性较强的金融资产。

消费者的资产负债表对其未来陷入经济困境的可能性有重要影响，特别是当消费者持有较多的流动性较强的金融资产，他们陷入经济困境的可能性就会降低，这时他们就更愿意购买耐用品和房屋。因此，当股票价格上升时，耐用品的支出也会上升，因为消费者陷入经济困境的可能性很小。具体传导机制如下：

$$M\uparrow \longrightarrow P\uparrow \longrightarrow 金融资产\uparrow \longrightarrow 经济困境可能性\downarrow \longrightarrow C\uparrow \longrightarrow H\uparrow \longrightarrow Y\uparrow$$

其中，M代表货币供应量，P代表资产价格，C代表消费，H代表非流动性资产。

家庭资产负债表效应的强弱还与家庭的年龄结构和财富分布有关。年轻家庭通常面临更高的消费压力和购房需求，对货币政策带来的财富变化可能更敏感。而老年家庭可能更关注退休后的收入稳定性和资产安全性，对股票价格波动的反应相对较小。此外，家庭资产负债表效应还受到房地产市场的影响。在许多国家，房地产是家庭资产的重要组成部分，货币政策对房地产价格的影响可能与股票价格效应相互交织，共同影响家庭的资产负债状况和消费行为。

五、通货膨胀效应

Chami、Comsimanoand & llenkamp（1999）指出，中央银行改变货币政策变量将影响到一般物价水平（通货膨胀水平），从而影响居民拥有的股票红利和资本利得（表现为名义收入）的真实回报率，股东改变对股票回报率的要求，公司为满足股东要求相应调整生产，最终影响到总产出。以收缩的货币政策为例，央行减少货币供应量，物价（通货膨胀水平）下降，本期股票的除息价值上升，股东的真实回报增加，企业在股东的压力下减少投资，缩减利润。

通货膨胀效应还受到全球供应链和国际贸易环境的影响。在开放经济条件下，进口商品价格的变化会传导至国内物价水平，进而影响企业的成本结构和盈利预期。例如，当货币政策导致本币贬值时，进口商品价格上涨可能加剧国内通货膨胀压力，对企业利润产生双重影响：一方面，出口企业的竞争力可能增强，利润上升；另一方面，依赖进口原材料的企业成本上升，利润受到挤压。此外，全球大宗商品价格的波动也会通过通货膨胀渠道影响股票市场，尤其是在资源密集型行业。

货币政策的股票价格传导机制在不同的经济周期阶段表

现出显著差异。在经济复苏初期,货币政策的宽松可能对股票市场产生较强的刺激作用,因为企业盈利预期改善,投资者风险偏好上升。而在经济过热阶段,紧缩性货币政策可能导致股票市场调整,但同时也可能引发市场的过度反应,导致资产价格剧烈波动。此外,货币政策的预期管理对股票价格传导机制也至关重要。如果中央银行能够有效引导市场预期,使投资者对未来的货币政策路径有清晰地认识,股票市场的波动性可能降低,货币政策的传导效率可能提高。

综上所述,货币政策的股票价格传导机制是一个复杂且多维度的过程,受到多种因素的交互影响。深入理解这些传导机制及其影响因素,对于制定有效的货币政策和维护金融稳定具有重要意义。

第四章　存款准备金率宣告对股票价格的影响

自改革开放以来，中国人民银行对货币政策进行了一系列改革，逐步通过货币政策工具对经济进行宏观调控，取得了显著成效。但是在利率还未完全市场化和再贴现政策缺乏主动性的情况下，运用存款准备金政策对宏观经济进行调控就成为我国货币政策的主要选择。经国务院同意，中国人民银行从1998年3月21日起，对存款准备金制度进行了改革，此后存款准备金制度在央行货币政策中具有重要作用。尤其自2006年以来，中国人民银行频繁使用存款准备金政策对经济进行干预，这为本书研究存款准备金对股票价格的影响提供了可能性。

货币政策工具是中央银行调节货币供应量和市场利率的主要手段，其变动对金融市场具有重要影响。中央银行通常使用的三大货币政策工具包括存款准备金率、再贴现率和公开市场操作。这些工具的调整不仅影响银行体系的流动性，还通过多种渠道传导至股票市场，进而影响股票价格。

货币政策工具的有效性评估是理解其对股票价格影响的基础。评估货币政策工具的有效性，需要从政策传导的及时性、市场预期的引导能力和工具的灵活性等多个维度进行分析。例如，存款准备金率的调整对银行体系流动性的影响较为直接，但其政策效果可能因银行行为的异质性和市场预期的提前消化而有所差异。再贴现率的变动则更多地影响银行的信贷成本和期限结构，对股票市场的短期资金面产生作用。而公开市场操作因其灵活性和可逆性，能够快速调节市场流动性，但其对股票价格的影响可能受到操作规模和市场参与度的限制。

第一节　存款准备金制度概述

20世纪30年代发生在西方国家的经济大危机使得各类商业银行大量倒闭，这不仅给存款人带来了巨大的经济损失，而且严重影响了公众对商业银行的信心。由于商业银行在经济发展中具有重要作用，因此为了刺激经济增长，恢复公众对商业银行的信心，为存款人在商业银行的存款提供某种程度的保护就显得十分迫切，法定存款准备金制度在这种背景下应运而生。

法定存款准备金制度是中央银行根据法律规定，为了维持金融机构的资产流动性并进行宏观货币管理，要求从事存款业务的金融机构按照规定的比率和结构向中央银行缴存存款准备金。中央银行可以根据货币政策的需要，对这一比率和结构进行调整，从而实现对社会货币供应量的调节和控制。20世纪30年代的资本主义经济危机之后，法定存款准备金制度被许多国家采用。这是因为这种制度不仅在某种程度上保护了存款人的利益，而且还可以作为中央银行调控宏观经济的一种货币政策工具。但是作为中央银行货币政策三大法宝之一的法定存款准备金制度，近年来其重要性明显下降，这是因为：首先，法定存款准备金政策缺乏弹性，由于存款性金融机构庞大的存款规模，加上货币乘数的多倍扩张和收缩作用，这意味着法定存款准备金率即使微小变动，也会增加经济的波动性；其次，存款准备金率的变动，可能使超额准备金率比较低的银行立即陷入流动性困境，造成金融不稳定；最后，由于大多数中央银行不对存款准备金支付利息，这相当于对缴纳准备金的存款性金融机构的一种征税，客观上削弱了存款性金融机构的竞争力。而存款性金融机构为了保持竞争力，不断进行金融创新以规避法定存款准备金的约束，许多变相存款应运而生，这时如果继续对存款性金融机构征收准备金，会人为导致各类金融机构竞争基础的不平等。法定存款准备金制度的这些缺陷决定了其难以成为中央银行频繁使用的货币政策工具。尤其自20世纪90年代以来，美国、日本、法国等国家的中央银行，都大幅度调低了法定存款准备金率，加拿大中央银行则把2年以上期限存款的法定存款准备金率调至零，瑞士、新西兰、澳大利亚也纷纷效仿，比利时、英国等国家的中央银行甚至将法定存款准备金率降为零。存款准备金制度的上述种种缺陷，使其难以作为常用的货币政策工具，因此，国外就存款准备金率变动对股票市场影响的相关学术成果罕见。

刘洋（2008）采用回归方法，就2007年中国人民银行先后10次提高存款准备金率对股票市场的影响进行了研究，研究结果表明，提高存款准备金率对股票市场总体影响显著，且呈负线性相关，存款准备金率的调整存在滞后性。由于种种原因，国内外就存款准备金率宣告对股票价格的影响方面的研究成果非常少，而且现有的研究成果，都是就存款准备金率宣告对股票市场（上证综指和A股市场）的总体影响进行研究，而不同行业股票对存款准备金率上调和下调的反应如何，国内外目前尚无相关研究成果。笔者认为，对这一问题的深入研究，对于我国股票市场上的各类投资者和我国货币政策当局而言，无疑具有更重要的现实意义。

第二节　存款准备金率宣告对我国股票价格影响的事实特征

存款准备金制度作为中央银行的货币政策工具，是影响股票价格的重要因素之一，在金融市场上受到各类投资者的广泛关注。存款准备金制度影响股票市场的基本原理是，中央银行通过调整法定存款准备金率来调节货币供应量，影响资本市场的资金供求关系和投资者的预期，进而影响证券市场价格。如果中央银行提高法定存款准备金率，这会使商业银行体系创造派生存款的能力下降，证券市场价格因此便趋于下跌。相反，如果中央银行降低法定存款准备金率，通常都会导致证券市场行情上扬。

存款准备金率作为货币政策工具之一，其调整对股票市场的短期资金面和投资者预期具有显著影响。当中央银行宣布调整存款准备金率时，市场通常会迅速做出反应，股票价格在短期内可能出现波动。然而，这种反应的强度和方向受到多种因素的影响，包括政策调整的幅度、市场对政策的预期程度以及当时的宏观经济环境。

从历史数据来看，我国存款准备金率的调整对股票市场的短期影响较为复杂。在经济繁荣时期，存款准备金率的上调往往被市场解读为抑制通胀和过热经济的信号，可能导致股票市场的短期调整。而在经济衰退或金融危机期间，存款准备金率的下调则被视为刺激经济增长的举措，对股票市场可能产生积极影响。例如，2008年全球金融危机期间，中国人民银行多次下调存款准备金率，以增加市场流动性，稳定金融市场，这一政策举措在一定程度上缓解了股票市场的下跌压力。此外，市场对存款准备金率调整的预期也会影响股票价格的反应。如果市场提前消化了政策调整的预期，实际政策宣告对股票价格的影响可能较为有限。

1980年至2011年6月底，中国人民银行出于宏观经济调控的需要，曾先后42次对法定存款准备金率进行调整（上调36次，下调6次），其中20世纪80年代调整过4次，20世纪90年代调整过2次，其余36次都是在2000年以后进行的。

具体而言，20世纪90年代至2011年6月底中国人民银行进行的38次存款准备金率调整，我国股市的反应与理论预期的结果并不总是一致。其中6次下调存款准备金率之后，上证综指在次日5次下跌，只有1次上涨；而32次上调存款准备金率之后，上证综指在次日13次下跌、19次上涨。因此，从我国存款准备金率历次调整对股市的影响来看，存款准备金率调整的方向与股票价格指数的运行方向并未呈现出一种绝对的反向运动，而是涨跌互现。我国存款准备金率历次调整后股市的反应如表4-1所示。

表 4-1 我国存款准备金率历次调整后股市的反应

序号	公布时间	生效日期	大型金融机构 调整前	大型金融机构 调整后	中小金融机构 调整前	中小金融机构 调整后	公布次日上证综指反应
1	1998-3-21	1998-3-21	13%	8%	13%	8%	下跌
2	1999-11-21	1999-11-21	8%	6%	8%	6%	下跌
3	2003-8-26	2003-9-21	6%	7%	6%	7%	下跌
4	2004-3-25	2004-4-25	7%	7.5%	7%	7.5%	上涨
5	2006-6-16	2006-7-5	7.5%	8%	7.5%	8%	上涨
6	2006-7-21	2006-7-21	8%	8.5%	8%	8.5%	上涨
7	2006-11-3	2006-11-15	8.5%	9%	8.5%	9%	上涨
8	2007-1-5	2007-1-15	9.00%	9.50%	9.00%	9.50%	上涨
9	2007-2-16	2007-2-25	9.50%	10.00%	9.50%	10.00%	上涨
10	2007-4-5	2007-4-16	10.00%	10.50%	10.00%	10.50%	上涨
11	2007-4-29	2007-5-15	10.50%	11.00%	10.50%	11.00%	上涨
12	2007-5-18	2007-6-5	11.00%	11.50%	11.00%	11.50%	上涨
13	2007-7-30	2007-8-15	11.50%	12.00%	11.50%	12.00%	上涨
14	2007-9-6	2007-9-25	12.00%	12.50%	12.00%	12.50%	下跌
15	2007-10-13	2007-10-25	12.50%	13.00%	12.50%	13.00%	上涨
16	2007-11-10	2007-11-26	13.00%	13.50%	13.00%	13.50%	下跌
17	2007-12-8	2007-12-25	13.50%	14.50%	13.50%	14.50%	上涨
18	2008-1-16	2008-1-25	14.50%	15.00%	14.50%	15.00%	下跌
19	2008-3-18	2008-3-25	15.00%	15.50%	15.00%	15.50%	上涨

续表

序号	公布时间	生效日期	大型金融机构 调整前	大型金融机构 调整后	中小金融机构 调整前	中小金融机构 调整后	公布次日上证综指反应
20	2008-4-16	2008-4-25	15.50%	16.00%	15.50%	16.00%	下跌
21	2008-5-12	2008-5-20	16.00%	16.50%	16.00%	16.50%	下跌
22	2008-6-7	2008-6-25	16.50%	17.50%	16.50%	17.50%	下跌
23	2008-9-15	2008-9-25	17.50%	17.50%	17.50%	16.50%	下跌
24	2008-10-8	2008-10-15	17.50%	17.00%	16.50%	16.00%	下跌
25	2008-11-26	2008-12-5	17.00%	16.00%	16.00%	14.00%	上涨
26	2008-12-22	2008-12-25	16.00%	15.50%	14.00%	13.50%	下跌
27	2010-1-12	2010-1-18	15.50%	16.00%	13.50%	13.50%	下跌
28	2010-2-12	2010-2-25	16.00%	16.50%	13.50%	13.50%	下跌
29	2010-5-2	2010-5-10	16.50%	17.00%	13.50%	13.50%	下跌
30	2010-11-9	2010-11-16	17.00%	17.50%	13.50%	14.00%	上涨
31	2010-11-19	2010-11-29	17.50%	18.00%	14.00%	14.50%	下跌
32	2010-12-10	2010-12-20	18.00%	18.50%	14.50%	15.00%	上涨
33	2011-1-14	2011-1-20	18.50%	19.00%	15.00%	15.50%	下跌
34	2011-2-18	2011-2-24	19.00%	19.50%	15.50%	16.00%	上涨
35	2011-3-18	2011-3-25	19.50%	20.00%	16.00%	16.50%	上涨
36	2011-4-17	2011-4-21	20.00%	20.50%	16.50%	17.00%	上涨
37	2011-5-12	2011-5-18	20.50%	21.00%	17.00%	17.50%	上涨
38	2011-6-14	2011-6-20	21.00%	21.50%	17.50%	18.00%	下跌

资料来源：根据中国人民银行网站和新浪网整理。

第三节 数据与方法

一、数据来源与处理

1980年至2011年6月底，中国人民银行为了宏观经济调控的需要，曾先后42次对法定存款准备金率进行调整，其中上调存款准备金率36次，下调存款准备金率6次，20世纪80年代调整过4次，20世纪90年代调整过2次，其余36次调整都是在2000年以后进行的。由于20世纪80年代，我国股票市场尚未正式建立，因此法定存款准备金率的这4次调整不在本书的研究范围之内。另外本书的事件期为存款准备金率宣告前后10个交易日，这样有些宣告的事件期会重叠，而事件研究法要求所研究的事件窗口不能重叠，基于这一原则，本书对2007年4月29日、2007年11月10日、2008年4月16日、2008年6月7日、2008年10月8日、2008年12月22日、2010年11月19日、2011年2月18日、2011年4月17日存款准备金率的变动对股票收益的影响不予检验。这样总共得到了25次上调存款准备金率的样本和4次下调存款准备金率的样本。

我国在股票市场建立之初，对上市公司没有进行过统一的分类。上海证券交易所和深圳证券交易所根据各自工作的需要，分别对上市公司进行了简单的划分。上海证券交易所将我国上市公司分为五类，即工业、地产业、商业、公用事业和综合类；而深圳证券交易所则将我国上市公司分为商业、工业、公用事业、地产业、金融业和综合类六类。近年来，随着我国股票市场不断发展、上市公司数量不断增加，这种分类过粗的缺陷，给市场各方对上市公司进行合理的评价带来了很多不便。为此，中国证监会于2001年4月4日公布了《上市公司行业分类指引》，将我国上市公司分为13个门类、90个大类和288个中类，13个门类分别为农、林、牧、渔业，采掘业，制造业，电力、煤气及水的生产和供应业，建筑业，交通运输、仓储业，信息技术业，批发和零售贸易，金融、保险业，房地产业，社会服务业，传播与文化产业，综合类。本书将就存款准备金率宣告对上述13个门类行业股票收益的影响进行实证研究。基于中国证监会分类的各门类行业的流通市值加权平均日收益率数据均来源于锐思金融研究数据库（RESSET），存款准备金率宣告日期则根据中国人民银行网站进行整理。

在数据处理过程中，对上证综合指数的收盘价进行了对数变换，以消除异方差性和非正态性。同时，为了控制其他可能影响股票价格的因素，如宏观经济指标（GDP、CPI等）和市场情绪指标（换手率、成交量等），将这些变量作为控制变量纳入模型。此外，考虑到股票市场的季节性和周期性波动，引入了虚拟变量来捕捉这些效应。数据的预处理还包括对缺失值的插补和异常值的修正，以确保数据质量。

二、研究方法

本书将采用事件研究法就存款准备金率宣告对基于中国证监会行业分类的 13 个门类行业的流通市值加权股票收益率的影响进行实证研究。事件研究法主要是观察某一事件的发生是否会影响股票价格或股票交易量的变化。该方法经过 Fama（1969）等人的发展，目前已经成为金融经济领域常用的一种计量统计方法。事件研究法的基本原理是：根据研究目的的需要，以某一事件的宣布作为"事件"，考察事件前后一段时间内样本股票价格或收益率的变化，来解释这一事件对样本股票价格或收益率变化产生的影响。

事件研究法通过考察特定事件（如政策宣告）发生前后的股票价格异常收益率，来评估事件对股票价格的影响。具体步骤包括确定事件窗口、估计正常收益率、计算异常收益率和累计异常收益率，以及进行统计显著性检验。在事件研究法的基础上，本研究还结合了 Granger 因果检验和向量自回归（VAR）模型，以进一步探讨存款准备金率宣告与股票价格之间的动态关系。Granger 因果检验用于判断存款准备金率调整是不是股票价格变动的 Granger 原因，而 VAR 模型则能够捕捉两者之间的动态交互作用。此外，为了控制模型中的内生性问题，采用了工具变量法，选取货币政策的滞后变量作为工具变量，以提高估计的一致性。

（1）事件日的确定（事件发生在哪一天）。进行事件研究，首先要确定事件发生的日期。事件发生的日期是指，市场第一次获得新信息（事件）的时间。在本书中，如果中国人民银行宣布存款准备金率变动的当日股票市场有交易，则事件日被定义为公告日当天，如果中国人民银行宣布存款准备金率变动的当日股票市场没有交易，那么事件日被定义为下一个股票交易日。

（2）事件窗口的确定。一旦确定了事件发生的日期，接下来就要确定事件窗口，该窗口包括事件发生的日期及之前和之后的一段交易时期（一般用天衡量）。关于这段日期的长度，研究者们还没有得出统一的标准。一般来说，事件窗口中包括的不必要的日期越多，检验的效果就越差。也就是说，如果研究者对事件发生的日期越确定，那么事件窗口就可能越小，并且研究者所衡量的事件对公司股票价格的影响就越有效。本书中事件窗口被设定为事件日前后各10个交易日。

（3）估计期的确定。估计期是事件尚未发生的那段时期，利用这段时期，我们可以估计出如果不发生该事件，股票的收益率应该是多少。确定估计期通常有三种方法：事件窗口之前、事件窗口之中和事件窗口之后。其中最常用的方法是，将事件窗口之前的一段时期作为估计期。估计期和事件窗口不能重叠，这是因为只有这样，研究者对不发生该事件时公司股票价格情况的估计才是无偏的。如果有重叠，得到的结果就会有"污染"。有关估计期的长短，截至目前并无统一的标准，许多文献表明，若以日收益率建立估计模式，估计期通常设定为100日至300日。本书选择事件日前110日至前11日作为估计期，共100个交易日。本书的事件窗口和估计期如图4-1所示。

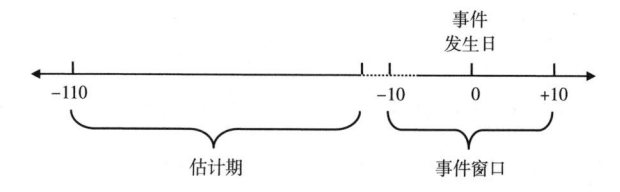

图4-1 股票收益率的事件窗口和估计期

（4）计算正常（或非事件）收益率。正常收益率是指，如果该事件没有发生，股票的收益率应该是多少。通常计算正常收益率的方法有平均收益率方法、市场收益率方法和风险调整收益率方法。其中平均收益率方法是指，在事件窗口中和在估计期中，股票收益率的平均值应该相同。正常收益率的计算公式为：$E(R_t) = \dfrac{\sum_{t-1}^{100} R_t}{N}$。其中，$R_t$ 代表 t 日股票的实际收益率，N 为估计期交易日总天数。

（5）异常收益率（abnormal return）的计算。事件研究法中所采用的计算正常收益率的方法有平均收益率、市场收益率等几种方法,本书采用平均收益率来计算正常收益率,该方法认为,在事件窗口中和在估计期中,股票收益率的平均值应该相同。也就是说,异常收益率等于实际收益率减去预期收益率。而在事件窗口中,每天的预期收益率应该等于估计期中该股票的平均收益率。另外,本书所采用的股票收益率为流通市值加权平均收益率。

异常收益率的计算公式为:$AR_t = R_t - E(R_t)$。其中,AR_t代表异常收益率。

平均异常收益率(average abnormal return)的计算公式为:$AAR_{it} = \frac{1}{N} \sum_{t=-10}^{10} AR_{it}$。其中,$AAR_{it}$代表$i$行业在$t$事件期的平均异常收益率,$N$代表事件期的交易日天数。

(6)平均异常收益率的显著性检验。在计算出各行业的异常收益率后,需要对平均异常收益率进行显著性检验,即检验异常收益率是否显著异于0。如果显著异于0,则证明中国人民银行的存款准备金率宣告对股票市场产生了显著的影响;相反,则证明没有产生显著的影响。检验平均异常收益率显著性的统计量为:

$$t = \frac{AAR_{it}}{\sqrt{Var(AAR_{it})}} = \frac{AAR_{it}}{\sqrt{\frac{1}{N(N-1)} \sum_{i=1}^{N}(AR_{it} - AAR_{it})^2}}$$

式中，AAR，AR 的意思同上。

（7）平均累积异常收益率（average cumulative abnormal return，$ACAR$）的显著性检验。在计算出各行业的累积异常收益率之后，需要对平均累积异常收益率进行显著性检验，即检验平均累积异常收益率是否显著异于 0，如果显著异于 0，则证明中国人民银行的存款准备金率宣告对股票市场产生了显著的影响，相反，则证明没有产生显著的影响。检验平均累积异常收益率显著性的统计量为：

$$t = \frac{ACAR_{t_1,t_n}}{\sqrt{Var(ACAR_{t_1,t_n})}} = \frac{ACAR_{t_1,t_2}}{\sqrt{\frac{1}{N(N-1)}\sum_{i=1}^{N}(CAR_{t_1,t_n} - \sum_{i=1}^{N}\frac{CAR_{t_1,t_2}}{N})^2}}$$

式中，$ACAR_{t_1,t_n}$ 为各行业从 t_1 至 t_n 时期的平均累积异常收益率，CAR_{t_1,t_n} 为各行业从为 t_1 至 t_n 时期的累积异常收益率，N 为样本个数。

第四节 实证结果分析

一、存款准备金率上调事件期内各行业的平均异常收益率与平均累积异常收益率

表 4-2 和表 4-3 分别报告了存款准备金率上调事件期内各行业的平均异常收益率和平均累积异常收益率。从表 4-2

可以看出，平均而言，存款准备金率宣告前（–10 日至 –1 日），交通运输、仓储业的平均异常收益率只是在 –5 个交易日在统计上是不显著的，社会服务业、传播与文化业的平均异常收益率只是在 –9 个交易日在统计上是显著的；在宣告日（0 日），只有交通运输、仓储业的平均异常收益率在统计上是显著的；宣告后（+1 日至 +10 日），交通运输、仓储业的平均异常收益率只是在 +10 个交易日在统计上是不显著的，批发和零售贸易、社会服务业的平均异常收益率在 +10 个交易日在统计上是显著的，金融业的平均异常收益率只在 +1 个交易日在统计上是显著的。

而从表 4–3 可以看出，在存款准备金率宣告前（–10 日至 –1 日）、宣告日（0 日）和宣告后（+1 至 +10），只有金融业在 +3、+4、+9 和 +10 个交易日的平均累积异常收益率在统计上是显著的，而其他行业的平均累积异常收益率在统计上都是不显著的。

进一步的分析表明，金融行业的股票对存款准备金率上调的敏感性主要源于银行体系流动性收紧和信贷成本上升的预期。银行作为存款准备金率政策的直接受影响方，其盈利能力和发展预期受到较大冲击，从而导致股票价格下跌。与此同时，消费类行业的股票由于其需求相对刚性和稳定的现金流，在货币政策紧缩环境下表现出较强的抗跌性。此外，科技等成长型行业的股票在存款准备金率上调初期可能出现较大波动，但随着市场对政策调整的逐步消化，其累计异常收益率逐渐趋于稳定。这种行业间的差异反映了不同行业对货币政策工具的敏感性和市场预期的多样性。

二、存款准备金率下调事件期内各行业的平均异常收益率与平均累积异常收益率

表4-4和表4-5分别报告了存款准备金率下调事件期内各行业的平均异常收益率和平均累积异常收益率。从表4-4可以看出，存款准备金率下调之前（-10日至-1日），采掘业在-3、-2个交易日，制造业在-2个交易日，信息技术业在-1个交易日，批发和零售贸易在-4、-2个交易日的平均异常收益率在统计上是显著的，而其他行业的平均异常收益率则是不显著的；而在宣告日（0日）和宣告后（+1日至+10日），所有行业的平均异常收益率在统计上都是不显著的。

从表4-5可以看出，在宣告前（-10日至-1日）和宣告日（0日），所有行业的平均累积异常收益率在统计上都是不显著的，只有农、林、牧、渔业在宣告后（+1日至+10日）的+1、+2个交易日的平均累积异常收益率在统计上是显著的，其他行业的平均累积异常收益率在统计上则都是不显著的。

房地产行业的股票在存款准备金率下调后，其平均异常

收益率和累计异常收益率均显著上升。这一现象可以归因于市场对房地产市场资金面改善的预期，以及对经济增长和投资机会的乐观情绪。同时，基础设施建设行业的股票也因货币政策宽松带来的融资便利和项目投资增加而受益。值得注意的是，虽然存款准备金率下调对大多数行业产生积极影响，但部分高负债率和低盈利企业的股票可能因市场对其偿债能力和经营风险的担忧而表现不佳。这表明，货币政策对股票价格的影响并非均匀分布，而是受到企业个体财务状况和行业特性的调节。

为了更全面地评估存款准备金率调整对股票市场的长期影响，本研究还进行了长期事件窗口的分析。结果显示，存款准备金率调整对股票价格的长期影响相对较为平缓，市场在短期内的剧烈反应往往会随着时间的推移而逐渐消退。这表明，市场对货币政策调整的反应具有一定的时效性，投资者在制定投资策略时应充分考虑政策的长期效应。此外，长期分析还发现，存款准备金率的频繁调整可能增加市场的不确定性，对股票市场的稳定产生一定的负面影响

由此我们可以得到如下结论：在短期内，上调存款准备金率对交通运输、仓储业在整个事件期内几乎都产生了显著影响，而在消息宣布的次一交易日，则对金融、保险业产生了显著影响，这反映了交通运输、仓储业，金融、保险业对上调存

款准备金率这一货币政策工具比较敏感,存款准备金率的上调对其他行业在短期内基本上没有影响;下调存款准备金率则几乎对所有行业都没有影响。另外,无论是上调还是下调存款准备金率,在整个事件期内,所有行业的平均异常收益都是正负交替,毫无规律可言。这些实证结果表明,在历次调整存款准备金率之前,这一消息并未提前泄露。根据有效市场理论,在弱式有效市场中,存款准备金率宣告是股票市场上的一种重要信息,利用存款准备金率的当前及历史变动对未来股票价格作出预测是徒劳的,投资者不可能通过分析以往价格获得超额利润,这同时说明我国股票市场是弱有效的。

总之,这些实证结果显然有悖于存款准备金率调整会影响股票价格的理论推断,造成这种结果可能有以下几个原因。

(1) 货币政策外部时滞的影响。货币政策的外部时滞是指从货币政策开始实施到它对经济变量完全产生作用所需要的时间。长期以来,虽然学术界对我国货币政策的外部时滞的时间长度未达成一致(如白站伟、李树培的研究表明,我国货币政策的外部时滞大约为 10 个月[①];肖文伟、杨小娟的研究表明,我国货币政策对股票价格的影响大约需要 13 至 19 个月的时

---

① 白站伟、李树培:《我国财政政策和货币政策的测算:2001—2009》,《中央财经大学学报》2010 年第 4 期。

间[①]；孔刘柳、谢乔昕的研究表明，我国货币政策存在外部时滞[②]），但是这些研究结果都毫无例外地表明，我国货币政策存在外部时滞。另外，从理论角度而言，股票价格或收益的变化首先会影响货币供应量，进而才会影响股票价格，最终是由股票市场调整存款准备金率。因此，存款准备金率宣告在短期内对大多数行业没有影响也就不足为奇了。

（2）在存款准备金率上调之前，市场已经预期到了央行将要调整存款准备金率的行为。预期理论表明，只有未预期到的货币政策变动，才会影响股票价格，而被预期到的政策变动，则不会影响股票价格。就我国而言，如表4-1所示，自1998年以来，央行对存款准备金率进行了38次调整，其中有34次是在2006年之后进行的。在这34次调整中，为了应对由美国次贷危机导致的全球金融危机，央行下调存款准备金率是当时我国货币政策的必然选择；2005年年末以后，由于各种因素的影响，我国商业银行流动性过剩问题开始显现，2010年以来我国的通货膨胀率逐渐提高，不断提高存款准备金率就成为解决银行流动性过剩以及治理通货膨胀的重要手段之一。尤其是2007年9月—2008年12月，以及2010年11月以来，中国人

---

① 肖文伟、杨小娟，《货币政策时滞问题实证分析》，《系统工程》2010年第28卷第7期（总第199期）。
② 孔刘柳、谢乔昕，《物价稳定目标下我国货币政策外部时滞的实证分析》，《上海经济研究》2011年第1期。

民银行几乎是每月提高一次存款准备金率，在此背景下，市场往往能够提前预期到央行的政策改变，因此当宣布调整存款准备金率这一消息后，股票市场没有大的反应，也是情理之中的事。

（3）我国货币政策的股市传导效率低下。随着股票市场的发展，大量研究表明，货币政策不仅会通过利率传导到实体经济，而且还会通过托宾 q、财富效应、企业和家庭的资产负债表效应等渠道传导至实体经济。但是，货币政策的股票传导渠道是建立在股票市场高度发达的假设之上，如果股票市场不发达，那么这一渠道的传导效应就要大打折扣。自 1990 年年底以来，经过 20 多年的快速发展，我国股票市场已经在各方面取得了巨大成就，无论是上市公司数量，还是市场规模，都已经成为亚太地区重要的市场之一。但是，由于我国股票市场建立时间短，许多制度尚不健全，因此总体而言，我国股票市场的效率还比较低下。[1]股票市场这种效率低下的特征，决定了其无法对各种信息的宣布作出迅速反应。因此，当存款准备金率变动的消息公布后，各行业股票大多无法获得异常收益。

---

[1] 李志生、刘正捷：《资产收益的短记忆性与长记忆性：我国股票市场效率的动态分析》，《江西财经大学学报》2011 年第 1 期；檀学燕：《基于制度变迁的中国股票市场有效性分析》，《中央财经大学学报》2010 年第 9 期。

第五节 小结

本章运用事件研究法，分别就 1998 年至 2011 年 6 月间中国人民银行上调和下调存款准备金率，对基于中国证监会行业分类的 13 个门类行业的流通市值加权股票收益率的影响进行了实证研究。研究结果表明，存款准备金率的上调对交通运输、仓储业在整个事件期内都有影响，在消息宣告的次一交易日对金融、保险业有影响。总体而言，存款准备金率的上调和下调，对大部分行业的影响都不显著，也即投资者无法根据存款准备金率的变动在股票市场上获取超额收益；另外，对我国央行而言，这些实证结果意味着存款准备金率的调整对股票价格的影响是不稳定的，因此，试图在现阶段将股票等资产价格纳入货币政策中介目标是十分复杂的，也是不现实的。产生这种结果的原因有：(1) 货币政策外部时滞的影响；(2) 在存款准备金率上调之前，市场已经预期到了央行将要调整存款准备金率的行为；(3) 我国货币政策的股市传导效率低下。

表 4-2 存款准备金率上调事件期内各行业的平均异常收益率

事件日	农、林、牧、渔业	采掘业	制造业	电力、煤气及水的生产和供应	建筑业	交通运输、仓储业	信息技术业	批发和零售贸易	金融、保险业	房地产业	社会服务业	传播与文化产业	综合类
-10	0.003 (0.508)	-0.002 (-0.019)	-0.001 (-0.294)	-0.001 (-0.129)	0 (0.086)	-0.001 (3.889)	0 (0.06)	0 (0.09)	-0.006 (-1.038)	-0.006 (-0.888)	0 (-0.45)	0.008 (1.287)	0 (0.033)
-9	0.004 (1.323)	0.0011 (0.008)	0.002 (0.869)	0.003 (0.966)	0.002 (0.819)	0 (3.133)	0 (0.31)	0 (1.46)	-0.002 (-0.475)	0.005 (1.214)	0.01 (2.13)	0.009 (2.078)	0.005 (1.782)
-8	0.001 (0.22)	-0.0012 (-0.371)	0.001 (0.181)	0.002 (0.552)	0 (0.022)	0.0021 (6.016)	0 (-0.24)	0 (-0.34)	0.002 (0.737)	0.003 (0.663)	0 (0.73)	-0.003 (-0.775)	0.002 (0.671)
-7	0 (-0.077)	-0.0001 (-0.03)	-0.001 (-0.144)	0.002 (0.538)	-0.001 (-0.067)	-0.001 (-2.515)	0 (0.28)	0 (-0.58)	0.001 (0.126)	0.001 (0.195)	0 (0.1)	0.003 (0.53)	0.001 (0.133)
-6	-0.002 (-0.492)	-0.0039 (-0.838)	-0.002 (-0.467)	0 (-0.009)	-0.002 (-0.3)	0.002 (-6.657)	0 (-0.54)	0 (-0.23)	0 (0.036)	0 (0.091)	0 (-0.19)	-0.001 (-0.182)	-0.003 (-0.498)
-5	0.002 (0.432)	-0.0002 (-0.047)	-0.001 (-0.246)	0.001 (0.286)	-0.004 (-1.093)	-0.001 (-0.853)	0 (-0.11)	0 (0.11)	0.002 (0.645)	0.003 (0.733)	0 (0.54)	-0.001 (-0.27)	0 (0.028)
-4	0 (-0.095)	-0.0001 (-0.025)	-0.001 (-0.519)	-0.001 (-0.657)	0 (0.114)	-0.003 (-3.536)	0 (0.16)	0 (0)	-0.001 (-0.45)	0.003 (0.994)	0 (-0.52)	-0.004 (-1.411)	0 (-0.142)
-3	-0.008 (-1.771)	0.003 (0.701)	-0.004 (-0.957)	-0.003 (-0.667)	-0.002 (-0.582)	-0.004 (-5.387)	0 (-0.75)	-0.01 (-1.36)	-0.004 (-0.938)	-0.005 (-1.107)	-0.01 (-1.57)	-0.005 (-1.214)	-0.005 (-1.028)
-2	0.004 (1.084)	0.0017 (0.404)	0.001 (0.398)	0.003 (1.092)	0.003 (1.075)	0.0021 (2.289)	0 (1.14)	0 (0.69)	0.002 (0.408)	0.003 (0.906)	0 (0.8)	0.002 (0.294)	0.003 (0.617)
-1	0.003 (0.503)	0.004 (1.196)	-0.001 (-0.327)	-0.003 (-0.718)	0 (-0.127)	-0.001 (-4.953)	0 (-0.43)	0 (-0.74)	-0.005 (-1.887)	-0.005 (-1.311)	0 (-1.11)	0 (-0.065)	-0.004 (-0.868)

续表

事件日	农、林、牧、渔业	采掘业	制造业	电力、煤气及水的生产和供应	建筑业	交通运输、仓储业	信息技术业	批发和零售贸易	金融、保险业	房地产业	社会服务业	传播与文化产业	综合类
0	0.005 (0.997)	0.0011 (0.288)	0.002 (0.619)	0.002 (0.504)	0 (0.039)	0.003 (−3.873)	0 (0.29)	0 (0.51)	−0.007 (−1.682)	−0.006 (−1.173)	0 (−0.1)	−0.002 (−0.392)	0.001 (0.306)
1	0.006 (1.08)	0.0014 (0.325)	0.002 (0.417)	0 (0.094)	0.002 (0.406)	0 (−9.534)	0 (0.46)	0 (0.92)	−0.01 (−2.399)	−0.003 (−0.622)	0 (0.24)	0.001 (0.255)	0.003 (0.72)
2	−0.001 (−0.123)	−0.0037 (−0.562)	−0.003 (−0.477)	−0.002 (−0.299)	−0.001 (−0.12)	−0.002 (−8.626)	0 (−0.21)	0 (−0.91)	−0.004 (−0.793)	−0.002 (−0.42)	0 (−0.3)	0.003 (0.549)	−0.001 (−0.206)
3	−0.002 (−0.398)	−0.002 (−0.342)	−0.005 (−0.917)	−0.003 (−0.491)	−0.003 (−0.495)	−0.006 (6.138)	−0.01 (−1.25)	−0.01 (−1.25)	−0.006 (−1.194)	−0.001 (−0.171)	−0.01 (−1.09)	−0.006 (−1.103)	−0.003 (−0.571)
4	0 (0.035)	−0.0092 (−1.619)	−0.006 (−1.386)	−0.008 (−1.804)	−0.007 (−1.537)	−0.007 (−8.868)	−0.01 (−1.38)	0 (−1)	−0.003 (−0.486)	−0.003 (−0.514)	0 (−0.45)	−0.007 (−1.09)	−0.003 (−0.668)
5	−0.002 (−0.558)	−0.0052 (−0.904)	0.001 (0.217)	−0.001 (−0.116)	0.002 (0.477)	0.001 (7.87)	0 (0.01)	0 (0.12)	−0.003 (−0.708)	0 (−0.09)	0 (0.26)	0.002 (0.319)	−0.002 (−0.572)
6	−0.008 (−1.201)	−0.0041 (−0.979)	−0.006 (−1.315)	−0.005 (−1.37)	−0.004 (−0.942)	−0.003 (−13.519)	−0.01 (−1.17)	−0.01 (−1.09)	−0.003 (−0.707)	−0.002 (−0.488)	0 (−1.06)	−0.007 (−1.28)	−0.008 (−1.584)
7	−0.003 (−0.724)	0.0038 (0.65)	0 (−0.055)	0.001 (0.154)	−0.002 (−0.388)	0.001 (−7.741)	0 (0.23)	0 (0.34)	0.007 (2.059)	0.008 (1.666)	0 (0.09)	0.002 (0.361)	−0.001 (−0.183)
8	−0.006 (−0.827)	−0.0041 (−0.826)	−0.007 (−1.108)	−0.004 (−0.653)	−0.005 (−0.691)	−0.007 (9.586)	−0.01 (−0.77)	−0.01 (−1.02)	−0.004 (−0.644)	−0.007 (−1.015)	−0.01 (−1.02)	−0.008 (−1.22)	−0.006 (−0.889)
9	−0.01 (−1.866)	0.0011 (0.271)	−0.007 (−1.614)	−0.007 (−1.593)	−0.009 (−1.872)	−0.008 (−3.609)	−0.01 (−1.07)	−0.01 (−1.52)	−0.004 (−1.088)	−0.007 (−1.377)	−0.01 (−1.89)	−0.011 (−1.895)	−0.008 (−1.503)
10	−0.009 (−1.316)	−0.0099 (−2.038)	−0.011 (−1.985)	−0.006 (−1.108)	−0.011 (−1.853)	−0.007 (2.054)	−0.01 (−1.74)	−0.01 (−2.16)	−0.004 (−1.101)	−0.011 (−1.81)	−0.01 (−2.46)	−0.017 (−1.895)	−0.012 (−1.852)

表 4-3 存款准备金率上调事件期内各行业的平均累积异常收益率

事件日	农、林、牧、渔业	采掘业	制造业	电力、煤气及水的生产和供应	建筑业	交通运输、仓储业	信息技术业	批发和零售贸易	金融、保险业	房地产业	社会服务业	传播与文化产业	综合类
-10	0.003 (0.508)	-0.0027 (-0.447)	-0.001 (-0.294)	-0.001 (-0.129)	0 (0.086)	-0.001 (-0.138)	0 (0.058)	0 (0.087)	-0.006 (-0.357)	-0.006 (-0.888)	-0.002 (-0.447)	0.008 (1.287)	0 (0.033)
-9	0.007 (1.048)	-0.0016 (-0.163)	0.001 (0.146)	0.002 (0.31)	0.003 (0.455)	-0.001 (-0.09)	0.001 (0.235)	0.005 (0.781)	-0.008 (-0.09)	-0.001 (-0.135)	0.003 (0.5)	0.017 (2.02)	0.005 (0.774)
-8	0.008 (0.85)	-0.0028 (-0.297)	0.001 (0.233)	0.004 (0.653)	0.004 (0.597)	0.002 (0.233)	0.001 (0.118)	0.004 (0.537)	-0.005 (0.556)	0.002 (0.219)	0.006 (0.78)	0.011 (1.459)	0.007 (0.985)
-7	0.007 (0.774)	-0.0029 (-0.295)	0.001 (0.121)	0.006 (0.789)	0.004 (0.471)	0.001 (0.161)	0.002 (0.273)	0.001 (0.186)	-0.004 (1.036)	0.003 (0.26)	0.006 (0.697)	0.012 (1.247)	0.008 (0.932)
-6	0.005 (0.438)	-0.0068 (-0.663)	-0.001 (-0.139)	0.006 (0.646)	0.001 (0.108)	0.003 (0.324)	-0.001 (-0.087)	0 (0.027)	-0.004 (0.886)	0.003 (0.26)	0.005 (0.519)	0.009 (0.676)	0.005 (0.505)
-5	0.007 (0.524)	-0.0071 (-0.519)	-0.002 (-0.197)	0.007 (0.659)	-0.004 (-0.434)	0.002 (0.198)	-0.001 (-0.11)	0.001 (0.056)	-0.001 (1.598)	0.006 (0.445)	0.008 (0.656)	0.008 (0.514)	0.005 (0.456)
-4	0.007 (0.49)	-0.0072 (-0.501)	-0.004 (-0.305)	0.006 (0.5)	-0.005 (-0.488)	-0.001 (-0.096)	-0.001 (-0.059)	0.001 (0.056)	-0.003 (0.904)	0.01 (0.645)	0.006 (0.539)	0.004 (0.283)	0.005 (0.41)
-3	-0.002 (-0.109)	-0.0042 (-0.274)	-0.007 (-0.63)	0.003 (0.246)	-0.007 (-0.733)	-0.005 (-0.434)	-0.003 (-0.276)	-0.005 (-0.448)	-0.007 (0.834)	0.005 (0.361)	0 (-0.007)	0 (-0.027)	0 (0.04)
-2	0.002 (0.132)	-0.0024 (-0.145)	-0.006 (-0.442)	0.006 (0.416)	-0.005 (-0.394)	-0.003 (-0.233)	0.001 (0.091)	-0.002 (-0.202)	-0.006 (0.948)	0.008 (0.502)	0.002 (0.177)	0.002 (0.125)	0.003 (0.199)
-1	0.005 (0.255)	0.0016 (0.095)	-0.007 (-0.452)	0.003 (0.196)	-0.005 (-0.391)	-0.004 (-0.254)	0 (-0.024)	-0.006 (-0.37)	-0.011 (0.171)	0.003 (0.181)	-0.002 (-0.127)	0.002 (0.081)	-0.001 (-0.048)

续表

事件日	农、林、牧、渔业	采掘业	制造业	电力、煤气及水的生产和供应	建筑业	交通运输、仓储业	信息技术业	批发和零售贸易	金融、保险业	房地产业	社会服务业	传播与文化产业	综合类
0	0.01 (0.436)	0.0027 (0.16)	−0.005 (−0.264)	0.005 (0.306)	−0.006 (−0.384)	−0.001 (−0.074)	0.001 (0.042)	−0.004 (−0.204)	−0.018 (−0.526)	−0.002 (−0.125)	−0.002 (−0.14)	−0.001 (−0.048)	0 (0.022)
1	0.016 (0.72)	0.0041 (0.253)	−0.003 (−0.182)	0.006 (0.337)	−0.005 (−0.328)	−0.001 (−0.084)	0.003 (0.162)	0 (−0.017)	−0.028 (−1.265)	−0.006 (−0.334)	−0.001 (−0.087)	−0.002 (−0.07)	0.004 (0.192)
2	0.016 (0.8)	0.0004 (0.021)	−0.006 (−0.342)	0.004 (0.26)	−0.005 (−0.376)	−0.003 (−0.219)	0.002 (0.095)	−0.005 (−0.324)	−0.032 (−1.59)	−0.008 (−0.445)	−0.003 (−0.208)	0.002 (0.094)	0.003 (0.138)
3	0.013 (0.67)	−0.0016 (−0.078)	−0.011 (−0.605)	0.001 (0.072)	−0.01 (−0.596)	−0.009 (−0.532)	−0.005 (−0.29)	−0.012 (−0.728)	−0.037 (−2.565)	−0.009 (−0.424)	−0.009 (−0.554)	−0.004 (−0.158)	−0.001 (−0.039)
4	0.014 (0.619)	−0.0108 (−0.547)	−0.017 (−0.875)	−0.006 (−0.332)	−0.013 (−0.708)	−0.015 (−0.799)	−0.011 (−0.627)	−0.017 (−0.925)	−0.04 (−2.253)	−0.012 (−0.533)	−0.012 (−0.621)	−0.012 (−0.47)	−0.004 (−0.187)
5	0.011 (0.494)	−0.016 (−0.712)	−0.016 (−0.811)	−0.007 (−0.363)	−0.012 (−0.675)	−0.015 (−0.763)	−0.011 (−0.625)	−0.016 (−0.873)	−0.041 (−2.226)	−0.012 (−0.547)	−0.01 (−0.527)	−0.01 (−0.389)	−0.006 (−0.29)
6	0.003 (0.118)	−0.0202 (−0.853)	−0.023 (−1.101)	−0.012 (−0.657)	−0.015 (−0.76)	−0.018 (−0.903)	−0.017 (−0.921)	−0.022 (−1.112)	−0.045 (−2.705)	−0.015 (−0.662)	−0.015 (−0.771)	−0.016 (−0.604)	−0.014 (−0.627)
7	0 (0.004)	−0.0164 (−0.619)	−0.023 (−1.017)	−0.011 (−0.556)	−0.017 (−0.779)	−0.017 (−0.811)	−0.016 (−0.781)	−0.02 (−0.931)	−0.036 (−1.897)	−0.006 (−0.283)	−0.015 (−0.695)	−0.013 (−0.456)	−0.015 (−0.6)
8	−0.006 (−0.218)	−0.0205 (−0.796)	−0.029 (−1.294)	−0.016 (−0.701)	−0.022 (−0.94)	−0.023 (−1.075)	−0.02 (−1.031)	−0.026 (−1.199)	−0.04 (−1.885)	−0.014 (−0.588)	−0.021 (−0.995)	−0.021 (−0.737)	−0.021 (−0.844)
9	−0.015 (−0.561)	−0.0194 (−0.69)	−0.037 (−1.472)	−0.023 (−0.941)	−0.031 (−1.213)	−0.031 (−1.322)	−0.025 (−1.123)	−0.033 (−1.385)	−0.045 (−2.269)	−0.021 (−0.869)	−0.03 (−1.319)	−0.034 (−1.059)	−0.029 (−1.068)
10	−0.025 (−0.792)	−0.0292 (−1.093)	−0.047 (−1.763)	−0.029 (−1.106)	−0.042 (−1.646)	−0.039 (−1.522)	−0.035 (−1.401)	−0.045 (−1.746)	−0.049 (−2.267)	−0.032 (−1.47)	−0.044 (−1.966)	−0.048 (−1.405)	−0.041 (−1.397)

表 4-4 存款准备金率下调事件期内各行业的平均异常收益率

事件日	农、林、牧、渔业	采掘业	制造业	电力、煤气及水的生产和供应	建筑业	交通运输、仓储业	信息技术业	批发和零售贸易	金融、保险业	房地产业	社会服务业	传播与文化产业	综合类
-10	0.005 (0.747)	-0.0075 (-1.005)	-0.003 (-0.346)	-0.007 (-0.827)	-0.007 (0.129)	-0.001 (-0.152)	-0.011 (-1.065)	-0.012 (-1.396)	-0.006 (-0.357)	-0.003 (-0.36)	-0.001 (-0.069)	0.004 (0.249)	-0.003 (-0.228)
-9	0.015 (0.998)	0.0116 (0.729)	0.014 (1.054)	0.016 (1.422)	0.005 (1.247)	0.01 (0.85)	0.009 (0.922)	0.011 (0.76)	-0.008 (-0.09)	0.021 (2.361)	0.013 (0.956)	0 (0.018)	0.014 (1.325)
-8	0.019 (1.005)	0.0023 (0.161)	0.012 (0.81)	0.011 (1.321)	0 (0.891)	0.008 (0.714)	0.01 (0.933)	0.012 (0.598)	-0.005 (0.556)	0.016 (1.018)	0.011 (0.764)	0.017 (1.953)	0.009 (0.638)
-7	0.005 (0.523)	0.0063 (0.615)	0.01 (0.775)	0.012 (0.907)	-0.011 (0.021)	0.008 (0.999)	0.015 (0.908)	0.009 (0.744)	-0.004 (1.036)	0.005 (0.663)	0.008 (0.689)	0.009 (1.188)	0.011 (0.781)
-6	-0.02 (-0.966)	-0.0295 (-1.781)	-0.027 (-1.59)	-0.02 (-0.907)	-0.007 (-1.374)	-0.022 (-1.411)	-0.025 (-1.529)	-0.029 (-1.629)	-0.004 (-0.886)	-0.03 (-1.558)	-0.032 (-1.666)	-0.021 (-1.025)	-0.026 (-1.259)
-5	0.026 (1.257)	0.0099 (0.368)	0.009 (0.406)	0.003 (-1.515)	-0.01 (0.438)	0.01 (0.592)	0.014 (0.462)	0.011 (0.486)	-0.001 (1.598)	0.005 (0.176)	0.009 (0.312)	0.02 (0.864)	0.009 (0.3470)
-4	0 (-0.063)	0.0007 (0.157)	0.007 (2.081)	0.006 (0.139)	0.017 (0.259)	0.003 (0.4)	0.001 (0.905)	0.011 (3.806)	-0.003 (0.904)	0.012 (1.655)	0.021 (1.87)	0.015 (1.527)	0.015 (2.517)
-3	-0.007 (-1.811)	-0.0071 (-5.168)	0 (-0.099)	0.005 (1.033)	0.006 (1.264)	0 (-0.023)	-0.008 (-1.015)	-0.001 (-0.13)	-0.007 (-0.834)	0.01 (0.964)	0.003 (0.402)	-0.003 (-0.364)	-0.001 (-0.111)
-2	-0.008 (-2.852)	-0.0263 (-5.784)	-0.017 (-3.252)	-0.012 (-1.753)	-0.01 (-1.797)	-0.011 (-0.879)	-0.032 (-4.031)	-0.006 (-2.807)	-0.006 (-0.948)	-0.024 (-1.372)	-0.021 (-1.725)	-0.033 (-4.98)	-0.017 (-1.751)
-1	0.002 (0.462)	0.0058 (1.628)	0.004 (0.854)	0.008 (1.466)	0.01 (0.881)	0.006 (1.46)	0.012 (5.275)	0.008 (1.618)	-0.011 (0.171)	0.019 (1.88)	0.005 (0.781)	0.011 (2.49)	0.004 (0.504)

续表

事件日	农、林、牧、渔业	采掘业	制造业	电力、煤气及水的生产和供应	建筑业	交通、运输、仓储业	信息技术业	批发和零售贸易	金融、保险业	房地产业	社会服务业	传播与文化产业	综合类
0	-0.002 (-0.363)	-0.0061 (-0.519)	0.002 (0.366)	0.007 (1.08)	0.01 (2.239)	0.008 (1.539)	0.01 (2.716)	-0.002 (-0.33)	-0.018 (-0.526)	0.004 (0.531)	-0.002 (-0.21)	0.011 (1.787)	-0.003 (-0.414)
1	-0.002 (-0.323)	0.0051 (0.871)	0.002 (0.236)	0 (0.041)	-0.008 (-1.632)	-0.001 (-0.236)	0.002 (0.171)	0.004 (0.304)	-0.028 (-1.265)	0 (0.021)	-0.002 (-0.227)	-0.003 (-0.533)	-0.003 (-0.329)
2	-0.01 (-2.247)	-0.0061 (-1.956)	-0.01 (-1.726)	-0.014 (-1.219)	-0.017 (-0.554)	-0.011 (-1.758)	-0.004 (-0.64)	-0.008 (-0.731)	-0.032 (-1.59)	-0.005 (-0.543)	-0.012 (-1.676)	0.003 (0.193)	-0.008 (-1.271)
3	0.008 (0.645)	0.0306 (1.219)	0.035 (1.409)	0.03 (1.19)	0.033 (1.136)	0.026 (0.979)	0.035 (1.399)	0.035(1.436)	-0.037 (-2.565)	0.032 (1.237)	0.034 (1.354)	0.037 (1.556)	0.038 (1.49)
4	0.009 (1.107)	0.0222 (0.941)	0.019 (1.714)	0.019 (1.515)	0.021 (0.802)	0.017 (1.162)	0.028 (1.751)	0.019 (1.775)	-0.04 (-2.253)	0.016 (1.097)	0.024 (1.461)	0.031 (1.952)	0.023 (1.656)
5	0.02 (1.379)	0.0147 (0.814)	0.001 (0.064)	0.006 (0.344)	-0.009 (-0.405)	0.005 (0.215)	0.004 (0.191)	0.002 (0.103)	-0.041 (-2.226)	-0.001 (-0.03)	-0.002 (-0.076)	0.003 (0.135)	0.004 (0.164)
6	-0.003 (-1.426)	0.0159 (2.089)	0.007 (1.226)	0.003 (0.761)	0.008 (0.319)	0.004 (0.562)	0.007 (0.617)	0.008 (1.361)	-0.045 (-2.705)	0.001 (0.201)	0.013 (1.139)	0.008 (0.791)	0.009 (0.904)
7	0.016 (0.94)	0.0092 (0.688)	0.015 (1.396)	0.014 (1.201)	0.02 (1.552)	0.012 (1.049)	0.018 (1.663)	0.016 (1.576)	-0.036 (-1.897)	0.033 (2.524)	0.013 (0.958)	0.015 (1.162)	0.02 (1.826)
8	0.009 (0.712)	0.0083 (0.626)	0.016 (1.632)	0.011 (0.909)	0.004 (1.33)	0.018 (1.309)	0.012 (1.004)	0.021 (1.827)	-0.04 (-1.885)	0.032 (2.015)	0.018 (1.573)	0.015 (1.031)	0.016 (1.823)
9	0.013 (0.518)	-0.0182 (-1.158)	-0.01 (-0.796)	-0.012 (-1.065)	0.008 (-0.113)	-0.01 (-0.853)	-0.011 (-1.042)	-0.008 (-0.661)	-0.045 (-2.269)	-0.012 (-1.057)	-0.014 (-0.92)	-0.012 (-1.477)	-0.006 (-0.594)
10	0.008 (0.774)	0.0041 (0.37)	0.008 (0.836)	0.007 (1.094)	0.009 (1.7)	0.004 (0.739)	0.015 (1.39)	0.01 (1.091)	-0.049 (-2.267)	0.012 (1.057)	0.011 (1.206)	0.01 (1.545)	0.01 (0.996)

表4-5 存款准备金率下调事件期内各行业的平均累积异常收益率

事件日	农、林、牧、渔业	采掘业	制造业	电力、煤气及水的生产和供应	建筑业	交通运输、仓储业	信息技术业	批发和零售贸易	金融、保险业	房地产业	社会服务业	传播与文化产业	综合类
-10	0.005 (0.747)	-0.0075 (-1.005)	-0.003 (-0.346)	-0.007 (-0.827)	0.001 (0.129)	-0.001 (-0.152)	-0.011 (-1.065)	-0.012 (-1.396)	-0.013 (-0.985)	-0.003 (-0.36)	-0.001 (-0.069)	0.004 (0.249)	-0.003 (-0.228)
-9	0.02 (0.926)	0.0042 (0.185)	0.01 (0.454)	0.01 (0.521)	0.026 (0.924)	0.009 (0.525)	-0.001 (-0.074)	-0.002 (-0.079)	-0.008 (-0.328)	0.018 (0.958)	0.012 (0.536)	0.005 (0.167)	0.011 (0.492)
-8	0.033 (0.957)	0.0065 (0.176)	0.022 (0.598)	0.021 (0.804)	0.035 (0.931)	0.0189 (0.607)	0.008 (0.302)	0.01 (0.246)	0.005 (0.154)	0.033 (1.002)	0.023 (0.643)	0.022 (0.609)	0.02 (0.555)
-7	0.022 (0.795)	0.0128 (0.281)	0.032 (0.661)	0.032 (0.861)	0.035 (0.718)	0.026 (0.695)	0.024 (0.531)	0.019 (0.38)	0.004 (0.106)	0.038 (1.013)	0.03 (0.667)	0.031 (0.728)	0.031 (0.625)
-6	-0.016 (-1.435)	-0.0167 (-0.493)	0.005 (0.152)	0.012 (0.48)	0.015 (0.416)	0.004 (0.156)	-0.001 (-0.033)	-0.01 (-0.273)	-0.022 (-0.818)	0.009 (0.34)	-0.001 (-0.044)	0.01 (0.385)	0.005 (0.162)
-5	0.001 (0.23)	-0.0068 (-0.113)	0.014 (0.254)	0.015 (0.338)	0.023 (0.426)	0.014 (0.342)	0.013 (0.215)	0.001 (0.022)	-0.004 (-0.103)	0.013 (0.262)	0.007 (0.127)	0.03 (0.612)	0.015 (0.251)
-4	0.021 (1.204)	-0.0061 (-0.101)	0.021 (0.384)	0.021 (0.542)	0.027 (0.655)	0.017 (0.501)	0.014 (0.235)	0.012 (0.209)	-0.003 (-0.086)	0.025 (0.45)	0.028 (0.424)	0.046 (0.961)	0.029 (0.507)
-3	-0.007 (-0.802)	-0.0131 (-0.223)	0.021 (0.395)	0.027 (0.632)	0.039 (0.826)	0.017 (0.568)	0.006 (0.111)	0.011 (0.217)	-0.014 (-0.439)	0.035 (0.545)	0.031 (0.483)	0.042 (1.026)	0.028 (0.509)
-2	-0.012 (-1.809)	-0.0395 (-0.666)	0.003 (0.064)	0.014 (0.405)	0.018 (0.495)	0.006 (0.259)	-0.026 (-0.538)	0.005 (0.09)	-0.044 (-1.274)	0.011 (0.196)	0.01 (0.185)	0.009 (0.235)	0.011 (0.234)
-1	-0.005 (-2.947)	-0.0336 (-0.575)	0.007 (0.16)	0.022 (0.661)	0.025 (0.728)	0.012 (0.558)	-0.014 (-0.278)	0.013 (0.242)	-0.041 (-1.153)	0.029 (0.521)	0.014 (0.281)	0.02 (0.573)	0.015 (0.353)

续表

事件日	农、林、牧、渔业	采掘业	制造业	电力、煤气及水的生产和供应	建筑业	交通运输、仓储业	信息技术业	批发和零售贸易	金融、保险业	房地产业	社会服务业	传播与文化产业	综合类
0	−0.005 (−0.982)	−0.0397 (−0.584)	0.01 (0.196)	0.03 (0.767)	0.033 (0.98)	0.02 (0.776)	−0.004 (−0.078)	0.01 (0.19)	−0.065 (−1.159)	0.034 (0.53)	0.012 (0.218)	0.031 (0.989)	0.012 (0.279)
1	−0.007 (−3.153)	−0.0346 (−0.485)	0.012 (0.206)	0.03 (0.671)	0.027 (0.781)	0.019 (0.636)	−0.002 (−0.026)	0.014 (0.214)	−0.071 (−0.889)	0.034 (0.431)	0.01 (0.165)	0.028 (0.754)	0.009 (0.168)
2	−0.015 (−3.631)	−0.0407 (−0.595)	0.002 (0.036)	0.017 (0.326)	0.016 (0.363)	0.008 (0.246)	−0.006 (−0.099)	0.006 (0.082)	−0.091 (−1.221)	0.029 (0.378)	−0.002 (−0.026)	0.031 (0.678)	0.001 (0.017)
3	−0.009 (−0.682)	−0.0101 (−0.175)	0.038 (0.638)	0.047 (0.901)	0.045 (1.232)	0.034 (1.725)	0.029 (0.514)	0.041 (0.61)	−0.068 (−1.418)	0.061 (0.993)	0.032 (0.509)	0.067 (1.601)	0.039 (0.73)
4	0.006 (0.263)	0.0121 (0.242)	0.057 (0.944)	0.065 (1.224)	0.058 (1.795)	0.051 (2.328)	0.057 (0.884)	0.06 (0.911)	−0.042 (−1.533)	0.077 (1.452)	0.057 (0.836)	0.099 (1.944)	0.062 (1.113)
5	0.015 (0.637)	0.0268 (0.397)	0.058 (0.775)	0.072 (1.28)	0.067 (1.492)	0.055 (1.701)	0.061 (0.796)	0.062 (0.763)	−0.037 (−0.873)	0.076 (1.033)	0.055 (0.677)	0.102 (1.584)	0.065 (0.967)
6	0.004 (0.28)	0.0427 (0.572)	0.065 (0.849)	0.074 (1.287)	0.07 (1.689)	0.059 (1.69)	0.068 (0.859)	0.07 (0.851)	−0.029 (−0.58)	0.078 (1.035)	0.068 (0.848)	0.11 (1.556)	0.074 (1.091)
7	0.008 (0.394)	0.052 (0.656)	0.08 (0.98)	0.089 (1.475)	0.087 (2.031)	0.071 (1.722)	0.086 (0.972)	0.087 (1.014)	−0.02 (−0.398)	0.111 (1.395)	0.081 (0.888)	0.125 (1.617)	0.094 (1.239)
8	0.018 (0.544)	0.0603 (0.671)	0.096 (1.051)	0.1 (1.39)	0.1 (1.993)	0.089 (1.649)	0.098 (1.013)	0.107 (1.114)	−0.006 (−0.092)	0.143 (1.719)	0.098 (0.968)	0.14 (1.553)	0.11 (1.306)
9	0.014 (0.884)	0.0421 (0.48)	0.086 (0.973)	0.088 (1.36)	0.099 (2.644)	0.079 (1.63)	0.087 (0.983)	0.1 (1.065)	−0.018 (−0.278)	0.131 (1.664)	0.084 (0.899)	0.128 (1.554)	0.104 (1.348)
10	0.011 (0.53)	0.0462 (0.498)	0.094 (0.976)	0.095 (1.339)	0.11 (2.656)	0.084 (1.55)	0.102 (1.033)	0.11 (1.083)	−0.013 (−0.16)	0.143 (1.728)	0.095 (0.935)	0.138 (1.578)	0.114 (1.312)

第五章　贴现率对股票价格的影响

在金融市场上，中央银行货币政策变化会对证券价格产生重要的影响。根据金融学相关理论，紧缩性的货币政策环境对于股票收益而言是"坏消息"，因为在此环境下利率会上升，而利率上升会导致企业的筹资成本上升和利润下降，股票收益因此会下降；相反，扩张性货币政策环境通常被视为"好消息"，原因是在这种环境下利率会下降，而利率的下降通常会导致企业成本下降和利润上升，股票收益因此会上升。

第一节　我国再贴现政策概述

一、再贴现政策及其原理

再贴现政策是指中央银行通过提高或降低自己对商业银行所持票据的再贴现率的办法，影响商业银行等存款货币机构从中央银行获得的再贴现贷款和超额储备，达到增加或减少货币供给量、影响市场利率、干预和影响货币市场供给与需求，从而实现货币政策目标的一种金融手段。

再贴现政策主要通过四种途径影响一国金融和经济。一是影响商业银行的借款成本，以影响商业银行的融资意向。当中央银行提高再贴现率时，商业银行要么减少从中央银行的再贴现借款，因为利率提高会对商业银行的贷款需求起到抑制作用，这样会直接紧缩信用规模；要么同方向提高对工商企业的贷款利率，因为如果商业银行不提高贷款利率，其盈利就会受到影响，而提高贷款利率同样也会抑制工商企业的贷款需求，这样就会间接地起到紧缩货币量的作用。二是利用"告示效应"，以影响商业银行及社会公众的预期行为。也就是说，中央银行调整再贴现率，实际上是为整个经济社会提供了有关货币政策的信息。例如，当中央银行降低再贴现率时，就意味着中央银行实行的是一种扩张性的货币政策；而当中央银行提高再贴现率时，就意味着中央银行实行的是一种紧缩性的货币政策。这种政策信号的提前提供，可以使人们事先做出相应的反应或做好准备。这种"告示效应"会在很大程度上加强对金融市场的直接影响，特别是商业银行一般会自觉地与中央银行保持行动一致，按同样方向和幅度调整对企业的贷款利率。三是影响经济结构。如规定再贴现票据的种类，对不同用途的信贷加以支持或限制，促进经济发展中需要扶持的行业部门的发展；还可以对不同票据实行差别再贴现率，从而影响各种再贴现票据的再贴现规模，使货币供应结构符合中央银行的政策意图。四是影响利率水平。在利率市场化的条件下，中央银行的再贴现率通常被视为一个国家的基准利率，市场利率将围绕这一基准利率上下波动。

二、我国再贴现业务的发展

再贴现是建立在票据市场发展的基础上的。随着票据业务的发展，中国人民银行也开始着手开展再贴现业务，进一步发挥中央银行的宏观调控作用。1984年中国人民银行颁布了《商业汇票承兑、贴现暂行办法》，并决定从1985年起在全国开展这项业务。

目前，再贴现的对象是在中国人民银行及其分支机构开立存款账户的商业银行、政策性银行及其分支机构。对非银行金融机构再贴现，需经中国人民银行总行批准。中国再贴现政策的操作体系是：(1)中国人民银行总行设立再贴现窗口，受理、审查、审批各银行总行的再贴现申请，并经办有关的再贴现业务；(2)中国人民银行一级分行和计划单列市分行设立授权再贴现窗口，受理、审查并在总行下达的再贴现限额之内审批辖内银行及其分支机构的再贴现申请，经办有关的再贴现业务；(3)授权窗口认为必要时可对辖内一部分二级分行实行再贴现转授权，转授权窗口的权限由授权窗口规定；(4)中国人民银行县级支行和没有转授权的二级分行，可受理、审查辖内银行及其分支机构的再贴现申请，并提出审批建议，在报经授权窗口或转授权窗口审批后，经办有关的再贴现业务。中国人民银行根据金融宏观调控和结构调整的需要，不定期公布再贴现优先支持的行业、企业和产品目录。各授权窗口须据此选择再贴现票据，安排再贴现资金投向，并对有商业汇票基础、业务操作规范的金融机构和跨地区、跨系统的贴现票据优先办理再贴现。

由于票据市场发育不健全、贴现率和再贴现利率结构不合理以及再贴现的条件比较苛刻等原因，中国人民银行开展的再贴现业务规模一直偏小，2001—2005年的再贴现业务余额分别是655亿元、68亿元、64.88亿元、33亿元、2.39亿元。尽管2006年以来通货膨胀压力加剧，宏观调控力度加大，部分中小金融机构的流动性趋紧，办理再贴现的需求增强，但由于商业银行自身流动性充裕，申请再贴现的动力小，2007年年末再贴现余额也仅为57.43亿元。2008年以来，为有效发挥再贴现促进结构调整、引导资金流向的作用，中国人民银行进一步完善再贴现管理：适当增加再贴现转授权窗口，以便于金融机构尤其是地方中小金融机构法人申请办理再贴现；适当扩大再贴现的对象和机构范围，城乡信用社、存款类外资金融机构法人、存款类新型农村金融机构，以及企业集团财务公司等非银行金融机构均可申请再贴现；推广使用商业承兑汇票，促进商业信用票据化；通过票据选择明确再贴现支持的重点，对涉农票据、县域企业和金融机构及中小金融机构签发、承兑、持有的票据优先办理再贴现；进一步明确再贴现可采取回购和买断两种方式，提高业务效率。

近年来，随着我国金融市场的发展和经济结构的调整，再贴现政策在宏观经济调控中的作用也面临着新的挑战与机遇。一方面，随着金融市场利率市场化的推进，再贴现率作为货币政策工具的影响力有所变化。再贴现率的调整不再仅仅是商业银行获取资金成本的简单变动，还涉及金融市场整体利率水平的联动效应。例如，当央行降低再贴现率时，不仅商业银行的再贴现成本降低，还会通过市场传导机制影响银行间拆借利率、债券市场利率等，进而对股票市场的资金供求关系产生间接影响。另一方面，再贴现政策在支持实体经济方面的作用更加突出。央行通过调整再贴现政策，可以引导金融机构加大对特定领域和行业的支持力度，如对小微企业、绿色产业等的信贷投放。这种结构性的货币政策工具运用，有助于优化资源配置，促进经济的可持续发展。同时，再贴现政策在应对经济周期波动和突发经济事件时，也发挥着重要的逆周期调节作用。例如，在经济下行压力较大时，央行可以通过降低再贴现率，增加市场流动性，稳定经济增长；而在经济过热时，提高再贴现率以抑制通货膨胀和资产泡沫。

第二节　相关文献简述

国外许多研究表明，股票收益与货币政策环境密切相关。Waud（1970）、Pearce & Roley（1985）、Smirlock & Yawitz（1985）以及 Cook & Hahn（1988）早期的研究都注意到了股票市场在短期内对贴现率变动的反应，并且发现，在宣告期内贴现率上升会使股票收益下降、贴现率下降则会使股票收益上升。Jensen & Johnson（1995）和 Jensen、Mercer & Johnson（1996）在上述基础上推进了此前的研究，他们的研究表明，美联储的货币政策尤其是贴现率的变动与股票收益呈负相关关系，即贴现率降低，股票收益会增加，贴现率上升，股票收益会下降，这说明美联储货币政策的改变，有助于解释美国的股票收益。Jensen & Johnson（1995）的分析表明，贴现率下降时股票的长期收益率要高于贴现率上升时股票的长期收益率，并且贴现率下降时股票长期收益的波动性要小于贴现率上升时股票长期收益的波动性，这表明贴现率下降时股票收益的上升并不是以承担相应的风险为代价的。Conover、Jensen & Johnson（1999a，1999b）则根据央行贴现率的升降，将货币政策环境分为紧缩性和扩张性的货币政策环境，在此基础上，运用回归方法，就货币政策环境对16个国家[①]股票收益率的影响进行了实证研究。结果表明，除奥地利、加拿大、新西兰和南非4个国家的国内货币政策环境对其国内的股票收益率没有影响外，其余12个国家国内的货币政策环境对其股票收益率都有显著影响；另外，除奥地利、法国和意大利外，美国的货币政策环境对其余13个国家的股票收益率也都产生了显著影响。此外，Thorbecke（1997），Patelis（1997），Ioannidis & Kontonikas（2008）的研究也证明了货币政策环境的重要性，这些研究也表明货币政策环境有助于解释股票的收益率。然而，Durham（2003，2005）采用与 Conover、Jensen & Johnson（1999a，1999b）相同的方法，对上述16个国家和不同行业的研究表明，货币政策环境对股票收益的影响取决于样本区间的选择，贴现率对股票收益的影响是不稳定的。

近年来，国内外学者对货币政策与股票价格关系的研究不断深入，特别是在再贴现政策对股票市场影响方面，也取得了一些新的研究成果。例如，有学者通过构建动态随机一般均衡模型（DSGE），分析了再贴现政策在不同经济周期阶段对股票价格的非线性影响，发现再贴现政策在经济衰退期对股票

---

① 16个国家分别是：奥地利、比利时、加拿大、芬兰、法国、德国、爱尔兰、意大利、日本、荷兰、新西兰、南非、瑞典、瑞士、英国、美国。

价格的稳定作用更为显著，而在经济繁荣期则相对较小。还有学者利用高频数据研究了再贴现率调整对股票市场短期波动的影响，发现再贴现率的调整在短期内会引起股票市场的快速反应，但这种反应的持续性较弱，且在不同行业之间存在显著差异。此外，一些研究还关注了再贴现政策与其他货币政策工具的协同效应，如再贴现政策与公开市场操作、存款准备金率调整等的组合使用对股票市场的影响。研究表明，货币政策工具的组合运用可以增强政策效果，但也可能导致政策传导机制的复杂化，需要综合考虑各种因素的影响。

上述研究大多数以发达国家，尤其是美国的股票市场为主。而发展中国家，尤其是中国的货币政策环境（以央行的贴现率变动来度量）对股票收益率的影响如何，截至目前尚未有相关的研究成果。

第三节　数据与研究方法

一、数据来源及其处理

本书运用月度数据和虚拟变量回归模型，就中国和美国的货币政策环境（用央行贴现率的变动来度量）对中国股票收益率的影响进行了实证研究。由于上海证券交易所是中国建立最早的股票交易所，因此为了获得尽可能多的样本，本书选取上证指数收益率作为我国股票指数收益率的代理变量，上证指数月度股票收益率来源于 RESSET 金融研究数据库。中国人民银行贴现率数据来源于中经网统计数据库中的 OECD 月度库，美联储贴现率数据来源于其网站。同时为了研究货币政策环境对股票收益率的影响是否取决于样本区间的选择，本书同时对以下 5 个区间进行了实证检验，分别是 1991 年 1 月—2010 年 9 月，1991 年 1 月—1995 年 12 月，1996 年 1 月—2000 年 12 月，2001 年 1 月—2005 年 12 月，2006 年 1 月—2010 年 9 月。

二、研究方法

经过多年的发展，计量经济学研究方法取得了长足的进步，但是经典回归模型仍是学术研究中被广泛采用的统计技术之一，因为经典回归模型不仅可以用于研究定量数据之间的关系，而且还可以用于研究定性数据之间的关系，如性别、种族、宗教、民族、婚姻状况、教育程度等。本书根据我国央行贴现率的变动，将货币政策分为紧缩性货币政策环境和扩张性货币政策环境，在此基础上，采用虚拟变量回归模型，研究央行贴现率变动对股票价格的影响。在贴现率朝相反的方向变动之前，一般认为中央银行都是在相同的货币政策环境下进行货币政策操作的，因此除非贴现率朝相反的方向变动，否则货币政策环境分类保持不变。例如，贴现率下降时期被定义为扩张性货币政策环境，贴现率的进一步下降并不影响货币政策环境分类。同样当贴现率首次上升时，就意味着紧缩性货币政策环境的开始，而当贴现率下降时，则意味着紧缩性货币政策环境的结束。这种对货币政策环境的分类方法与 Jensen & Johnson（1995），Conover、Jensen & Johnson（1999a，1999b）以及 Durham（2003，2005）的研究方法一致。

表 5-1 给出了根据这种度量货币政策环境的方法，中国货币政策环境在各区间的描述性统计。从表 5-1 可以看出，1991 年 1 月—2010 年 9 月，我国共经历了三次扩张性货币政策环境和三次紧缩性货币政策环境。

平均每次扩张性货币政策环境的持续时间为 49.7 个月，这样共有 149 个月属于扩张性货币政策环境；平均每次紧缩性货币政策环境的持续时间为 29.3 个月，这样共有 88 个月属于紧缩性货币政策环境。在同一时期，美国共经历了 5 次扩张性货币政策环境和 5 次紧缩性货币政策环境。平均每次扩张性货币政策环境的持续时间为 29.8 个月，这样共有 149 个月属于扩张性货币政策环境；平均每次紧缩性货币政策环境的持续时间为 17.6 个月，这样共有 88 个月属于紧缩性货币政策环境。同时，以上述方法度量的这一时期中国货币政策环境与美国货币政策环境的相关系数为 0.385，这一数字远高于 Conover、Jensen & Johnson（1999a，1999b）计算的其他大多数国家的货币政策环境与美国货币政策环境的相关性。这或许表明，大国之间会有更多的货币政策合作，而否认了大国货币政策当局倾向于实施独立的货币政策这种说法。①

表 5-1　中国货币政策环境在各区间的描述性统计

样本区间	总月度数	扩张时期总数	扩张时期平均持续月度数	紧缩时期总数	紧缩时期平均持续月度数	与美国货币政策环境的相关性
1991年1月—2010年9月	237	3	49.7	3	29.3	0.385
1991年1月—1995年12月	60	1	25	2	17.5	0.598
1996年1月—2000年12月	60	1	56	1	4	−0.168
2001年1月—2005年12月	60	1	45	1	15	0.707
2006年1月—2010年9月	57	1	23	1	34	0.207

表 5-2 给出了各区间中国月度股票收益率的描述性统计。从表中我们可以看出，1991年1月—2010年9月，中国股票的月度平均收益率为 0.024，方差为 0.183。而 1991年1月—1995年12月，中国股票的月度平均收益率为 0.059，而其标准差也达到最高的 0.332。2001年1月—2005年12月，中国股票的月度平均收益率为负值 −0.008，这反映出这一时期中

---

① Conover M., Jensen G., Johnson R., "Monetary Environments and International Stock Returns," *Journal of Banking and Finance* 23, No.9 (Sep. 1999): 1357–1381.

国股票市场处于"熊市"这一事实特征,这一时期股票收益的方差也为最小的 0.057。另外,1991 年 1 月—2010 年 9 月,中国股票收益率与美国股票收益率的相关系数为 0.091,这一数字远低于 Conover、Jensen & Johnson(1999a,1999b) 计算的其他国家的股票收益率与美国股票收益率的相关性。1996—2000 年中国股票收益率与美国股票收益率的相关系数为负值,2006 年以后中国股票收益率与美国股票收益率的相关系数显著提高,达到 0.4379。

表 5-2 各区间内中国月度股票收益率的描述性统计

样本区间	样本数	月度平均股票收益	月收益的标准差	最小值	最大值	中国股票收益率与美国股票收益率的相关性
1991 年 1 月—2010 年 9 月	237	0.024	0.183	−0.311	1.772	0.091
1991 年 1 月—1995 年 12 月	60	0.059	0.332	−0.312	1.772	0.0005
1996 年 1 月—2000 年 12 月	60	0.026	0.085	−0.127	0.321	−0.0045
2001 年 1 月—2005 年 12 月	60	−0.008	0.057	−0.134	0.143	0.0646
2006 年 1 月—2010 年 9 月	57	0.021	0.110	−0.246	0.275	0.4379

第四节 实证分析

本书首先通过估计下列回归方程来检验各区间中国货币政策环境与股票收益率的关系:

$$S_t = \alpha + \beta D_t^{CHN} + \varepsilon_t \qquad (5.1)$$

式中,S_t是上证指数月度股票收益率,D_t^{CHN}是一个虚拟变量,如果中国人民银行实施紧缩性的货币政策,其值取1,如果实施扩张性的货币政策,其值取0,系数α为扩张性货币政策环境下股票的收益,$\alpha+\beta$则是紧缩性货币政策环境下股票的收益。

表5-3报告了各区间月度股票收益率对中国货币政策环境虚拟变量的回归结果。2001—2005年是"熊市",因此这一时期无论α还是$\alpha+\beta$的系数都为负值。其他4个区间内,α的系数均为正值,而且在1991年1月—2010年9月、1991—1995年、1996—2000年在统计上是显著的。虚拟变量D_t^{CHN}的系数值β,除了1996—2000年为正值外,其他区间都为负值,这说明在这些区间内,扩张性货币政策环境下股票的收益率要高于紧缩性货币政策环境下的收益率。但是只有1991—1995年α和β的值都是显著的,而其他区间内没有两个系数同时在统计上是显著的。这些实证结果表明,货币政策环境对股票收益的影响在统计上是否显著取决于样本区间的选择。

表 5-3　各区间月度股票收益率对中国货币政策环境虚拟变量的回归结果

回归区间	α	β	F	R²
1991年1月—2010年9月	0.035(2.33)**	−0.03(−1.16)	1.34	0.005
1991年1月—1995年12月	0.14(2.27)**	−0.15(−1.79)*	3.22	0.05
1996年1月—2000年12月	0.023(2.03)**	0.033(0.75)	0.45	0.009
2001年1月—2005年12月	−0.007(−0.83)	−0.003(−0.21)	0.83	0.0007
2006年1月—2010年9月	0.02(0.98)	−0.003(−0.11)	0.91	0.0002

注：** 表示在 5% 的显著性水平下显著，* 表示在 10% 的显著性水平下显著，括号内的值为相应变量的 t 值。

表 5-4 给出了中国货币政策扩张与紧缩环境下上证指数月度股票收益率的波动情况。从表 5-4 我们可以看出，无论在哪种货币政策环境下，1991—1995 年股票收益的风险都是最大的，而且这一时期扩张性货币政策环境下的波动性要大于紧缩性货币政策环境下的波动性；1991 年 1 月—2010 年 9 月、1996—2000 年、2006 年 1 月—2010 年 9 月扩张性货币政策环境下股票收益率的波动性要小于紧缩性货币政策环境下股票收益率的波动性；2001—2005 年，扩张性货币政策环境下股票收益率的波动性与紧缩性货币政策环境下股票收益率的波动性几乎没有差别。另外，综合表 5-3 和表 5-4，我们还可以看出，1991 年 1 月—2010 年 9 月、1996—2000 年、2006 年 1 月—2010 年 9 月，扩张性货币政策环境下股票的收益率要高于紧

缩性货币政策环境下股票的收益率，但是这种收益率的提高并未伴随着风险的上升，这与 Jensen & Johnson（1995）的结论是一致的；而 1991—1995 年、2001—2005 年扩张性货币政策环境下股票的收益率高于紧缩性货币政策环境下股票的收益率，这是以承担更大的风险为代价的。

表 5-4 中国货币政策环境扩张与紧缩时期各区间月度股票收益的标准差

样本区间	扩张货币政策月度数量	货币政策扩张时期股票收益的标准差	紧缩货币政策月度数量	货币政策紧缩时期股票收益的标准差
1991 年 1 月—2010 年 9 月	149	0.182501	88	0.185120
1991 年 1 月—1995 年 12 月	25	0.310110	35	0.263984
1996 年 1 月—2000 年 12 月	56	0.083869	4	0.114448
2001 年 1 月—2005 年 12 月	45	0.057434	15	0.057226
2006 年 1 月—2010 年 9 月	23	0.088020	34	0.123389

考虑到全球金融市场一体化不断加深和美国经济在世界经济中的重要作用，本书也检验了中国股票收益率是否会受美国货币政策环境的影响。除了将中国货币政策环境虚拟变量替换为美国货币政策环境虚拟变量外，所使用的回归方程其他变量都与方程（5.1）相同。回归方程如下：

$$S_t = \alpha + \beta D_t^{US} + \varepsilon_t \tag{5.2}$$

式中，S_t 代表上证指数月度收益率，虚拟变量 D_t^{US} 代表美国货币政策环境。如果美联储实施紧缩性的货币政策，那么虚拟变量D_t^{US}的值为1，如果美联储实施扩张性的货币政策，那么虚拟变量D_t^{US}的值为0，系数α为扩张性货币政策环境下中国股票的收益率，$\alpha+\beta$是紧缩性货币政策环境下股票的收益。

表5-5给出了方程（5.2）的回归结果。从中我们可以看出，1991年1月—2010年9月、1991—1995年、1996—2000年，截距项α的系数都为正值，而2001—2005年、2006年1月—2010年9月，截距项α的系数都为负值，这说明2001年之前美联储实施扩张性的货币政策对中国股票市场是好消息，而2001年之后则是坏消息。虚拟变量D_t^{US}的系数β的值在1991年1月—2010年9月、1991—1995年、1996—2000年都为负值，这与理论预期相一致，而2001—2005年、2006年1月—2010年9月，D_t^{US}的系数值都为正值，这与理论预期相矛盾。

表5-5 各区间月度股票收益率对美国货币政策环境虚拟变量的回归结果

回归区间	α	β	F	R²
1991年1月—2010年9月	0.02463(1.63)	−0.0005(−0.02)	0.0004	0.000002
1991年1月—1995年12月	0.07418(1.40)	−0.0444(−0.48)	0.2355	0.004045
1996年1月—2000年12月	0.029060(2.22)**	−0.0124(−0.51)	0.2561	0.004396
2001年1月—2005年12月	−0.0104(−1.1)	0.0059(0.39)	0.1558	0.002680
2006年1月—2010年9月	−0.005(−0.29)	0.0558(1.96) *	3.8717	0.065766

注：** 为5%的显著性水平下显著，* 为10%的显著性水平下显著，括号内的值为相应变量系数的t值。

表 5-6 给出了各区间美国货币政策环境紧缩与扩张时期中国月度股票收益率的标准差。从表中我们可以看出，和表 5-4 的结果相似，无论在哪种货币政策环境下，1991—1995 年股票收益的风险都是最大的，而且这一时期扩张性货币政策环境下股票收益率的波动性要大于紧缩性货币政策环境下股票收益率的波动性；与表 5-4 的结果不同，1991 年 1 月—2010 年 9 月、1996—2000 年、2001—2005 年、2006 年 1 月—2010 年 9 月，美联储扩张性货币政策环境下股票收益率的波动性要大于紧缩性货币政策环境下股票收益率的波动性。另外，综合表 5-5 和表 5-6，我们还可以看出，1991 年 1 月—2010 年 9 月、1991—1995 年、1996—2000 年，美联储扩张性货币政策环境下股票的收益率要高于紧缩性货币政策环境下股票的收益率，而且这种收益率的提高是以风险的上升为代价的；而 2001—2005 年、2006 年 1 月—2010 年 9 月紧缩性货币政策环境下股票的收益率高于扩张性货币政策环境下股票的收益率，但是收益率的上升并不是以风险的上升为代价的。

表 5-6　美国货币政策环境扩张与紧缩时期各区间月度股票收益率的标准差

样本区间	扩张货币政策月度数量	货币政策扩张时期股票收益的标准差	紧缩货币政策月度数量	货币政策紧缩时期股票收益的标准差
1991 年 1 月—2010 年 9 月	149	0.192533	88	0.168487
1991 年 1 月—1995 年 12 月	40	0.335406	20	0.333298

续表

样本区间	扩张货币政策月度数量	货币政策扩张时期股票收益的标准差	紧缩货币政策月度数量	货币政策紧缩时期股票收益的标准差
1996年1月—2000年12月	43	0.095507	17	0.053236
2001年1月—2005年12月	36	0.058127	24	0.056093
2006年1月—2010年9月	30	0.121272	27	0.088200

本书还将各区间月度股票收益率同时对中国和美国的货币政策环境虚拟变量进行了回归，回归方程如下：

$$S_t = \alpha + \beta_1 D_t^{CHN} + \beta_2 D_t^{US} + \varepsilon_t \quad (5.3)$$

方程（5.3）中变量的含义与方程（5.1）和方程（5.2）中变量的含义相同。

表5-7报告了各区间月度股票收益率同时对中国与美国货币政策环境虚拟变量的回归结果。从表中我们可以看出，当中国和美国的货币政策环境都为扩张性时，除2001—2005年外，其他4个区间的α值都为正值，其中1991—1995年的月度股票收益率最高，2001—2005年的股票收益率最低，为负值，而且α的值在3个区间内在统计上都是显著的。除1996—2000年外，其他4个区间月度股票收益率对中国货币政策环境虚拟变量的回归系数都为负值，而对美国货币政策环境虚拟变量的回归系数都为正值，但是这些系数的值在有的区

间显著，而在有的区间则不显著。

表 5-7　各区间月度股票收益率对中国与美国货币政策环境虚拟变量的回归结果

样本区间	α	β_1	β_2	F	R^2
1991年1月—2010年9月	0.032261 (1.99)*	−0.033416 (−1.25)	0.012358 (0.46)	0.78	0.007
1991年1月—1995年12月	0.148848 (2.27)**	−0.199095 (−1.85)*	0.079947 (0.71)	1.85	0.061
1996年1月—2000年12月	0.026218 (1.89)*	0.030557 (0.67)	−0.009618 (−0.38)	0.35	0.012
2001年1月—2005年12月	−0.010414 (−1.08)	−0.016720 (−0.68)	0.016414 (0.76)	0.31	0.011
2006年1月—2010年9月	0.002171 (0.09)	−0.015768 (−0.53)	0.059022 (2.02)**	2.05	0.071

注：** 为 5% 的显著性水平下显著，* 为 10% 的显著性水平下显著，括号内的值为相应变量系数的 t 值。

综上所述，这部分的实证结果表明：

（1）1991年1月—2010年9月、1996—2000年、2006年1月—2010年9月，在中国扩张性货币政策环境下股票的收益率要高于紧缩性货币政策环境下股票的收益率，但是这种收益率的提高并未伴随着风险的上升；而1991—1995年、2001—2005年扩张性货币政策环境下股票的收益率高于紧缩性货币政策环境下股票的收益率，这是以承担更大的风险为代价的。

（2）就中国月度股票收益率对美国货币政策环境虚拟变量的回归结果来看，1991年1月—2010年9月、1991—1995年、1996—2000年，在美联储扩张性货币政策环境下股票的收益率要高于紧缩性货币政策环境下股票的收益率，而且这种收益率的提高是以风险的上升为代价的；而 2001—2005 年、2006 年 1 月—2010 年 9 月紧缩性货币政策环境下股票的收益率高于扩张性货币政策环境下股票的收益率，但是收益率的上升并不是以风险的上升为代价的。

（3）就股票收益率对中国和美国货币政策环境虚拟变量同时回归的结果而言，当中国和美国的货币政策环境都扩张时，除 2001 年至 2005 年外，其他 4 个区间的 α 值都为正值。除 1996 年至 2000 年外，其他 4 个区间月度股票收益率对中国货币政策环境虚拟变量的回归系数都为负值，而对美国货币政策环境虚拟变量的回归系数都为正值。

上述这些实证结果在有的区间是显著的，而在有的区间是不显著的，这说明货币政策环境对股票收益率的影响取决于研究区间的选择，即货币政策环境对股票收益率的影响是不稳定的，这与 Durham（2003）的研究结论相一致。

第五节 小结

根据央行贴现率的变动，本书将货币政策环境分为扩张性的和紧缩性的两类，并且将 1991 年 1 月—2010 年 9 月分为 5 个子区间，在此基础上采用虚拟变量回归模型分别就货币政策环境对 1991 年 1 月—2010 年 9 月、1991—1995 年、1996—2000 年、2001—2005 年、2006 年 1 月—2010 年 9 月 5 个区间的股票收益率的影响进行了实证研究。研究结果表明，货币政策环境与股票收益率之间的关系是不稳定的，有赖于研究区间的选择。这一研究结果与 Durham（2003，2005）的研究结果一致，对于投资者和央行而言具有如下意义。

对于投资者而言，本书的实证结果说明投资者赖以套利的货币政策的变动是毫无规律的，因此并不能根据央行货币政策的变动在股票市场上获取超额收益。造成这一结果的原因或许是近年来各国央行货币政策透明度不断上升，或许是投资者预期货币政策变动的能力提高了。

由于股票代表了对未来经济产出的索取权，如果货币政策具有实际效应，那么货币政策目标和工具的变动就会影响股票价格，因此上述实证结果对于央行而言意味着将股票价格纳入货币政策目标具有一定的复杂性。另外，本书的结果也表明，中国货币政策的股票市场传导渠道效率非常低下。

第六章 公开市场操作对股票价格的影响

在各国股票市场上，中央银行是投资者最密切关注的机构之一，这说明投资者认为央行的行为对股票等资产价格的变化具有重要意义。迄今为止，国内外学术界，尤其是中国学术界就央行公开市场操作活动对股票价格的影响方面的研究成果十分少见，考虑到公开市场操作是央行的"三大法宝"之一，这种研究现状令人感到惊讶。本节采用向量自回归模型，用中央银行发行的债券来度量中国人民银行的公开市场操作，并通过 Johansen 协整检验、Granger 因果关系检验、脉冲响应函数和方差分解等方法，就我国央行公开市场操作对股票价格的影响进行了实证研究。

第一节 我国公开市场操作概述

公开市场操作是中央银行的三大货币政策工具之一，它是指中央银行在金融市场上通过买卖有价证券，以改变商业银行等金融机构的准备金数量，进而影响货币供应量和利率的一种政策措施。与其他货币政策工具相比，公开市场操作具有较强的主动性和灵活性，并且可以进行经常性、连续性的操作。因此，在金融市场比较发达的国家，公开市场操作是最常用、也是最为重要的货币政策工具。

近年来，随着我国金融市场改革的持续深化和金融创新的不断推进，公开市场操作在货币政策中的地位日益凸显。公开市场操作已成为央行调控货币供应量和市场利率的重要工具之一，其操作方式和频率也在不断优化和调整。央行通过灵活运用短期和中长期债券的买卖，以及逆回购和正回购等操作，能够更加精准地调节市场流动性和资金供求关系。同时，随着我国债券市场的快速发展和外汇市场交易规模的不断扩大，公开市场操作在宏观审慎管理中的作用也日益增强。央行在公开市场操作中，不仅关注国债和中央银行票据，还逐步引入其他金融工具，如政策性金融债、商业银行债券等，以提高公开市场操作的灵活性和有效性。

20世纪90年代中期之前，我国的债券市场规模很小，而央行票据市场也未正式建立，因此公开市场业务在当时并没有成为我国央行主要的货币政策工具之一。20世纪90年代中期以后，随着我国金融改革的不断深化和中国人民银行对宏观经济调控方式的转变，公开市场业务才逐渐成为其主要的货币政策工具之一。

我国央行的公开市场操作由人民币操作和外汇操作两部分组成。1994年3月，中国人民银行首先启动了外汇市场操作，紧接着于1996年4月启动了人民币公开市场操作。由于当时商业银行参与投标的频率和数量不足，1997年中国人民银行暂停了公开市场操作，直到1998年5月26日才恢复交易，此后人民币公开市场业务规模逐渐扩大。此后，公开市场操作成为中国人民银行货币政策日常操作的重要工具，对调控货币供应量、调节商业银行流动性水平、引导货币市场利率走势发挥了积极的作用。[①]

从1998年开始，中国人民银行建立了公开市场操作一级交易商制度，选择了一批能够承担大额债券交易的商业银行、保险公司、证券公司以及信托投资公司等金融机构，作为公开市场业务的交易对象。无论是回购交易、现券交易，还是中央银行票据发行，公开市场操作都是与一级交易商完成交易的，中国人民银行并不与所有的金融机构直接进行交易。这些交易商先通过货币市场和债券市场与其他金融机构进行交易，获得国债、政策性金融债券等有价证券，然后将这些有价证券作为交易工具直接与中国人民银行开展公开市场业务，使中央银行

---

① 资料来源于中国人民银行网站。

的货币政策操作扩散到整个金融系统，提高了中央银行公开市场操作的效率。

从交易品种看，中国人民银行公开市场业务操作债券交易主要包括现券交易、回购交易和中央银行票据发行。其中回购交易分为正回购和逆回购两种。正回购为中国人民银行向一级交易商卖出有价证券，并约定在未来特定日期购回有价证券的交易行为。正回购为央行从市场收回流动性的操作，正回购到期则为央行向市场投放流动性的操作。逆回购为中国人民银行向一级交易商购买有价证券，并约定在未来特定日期将有价证券卖给一级交易商的交易行为。逆回购为央行向市场投放流动性的操作，逆回购到期则为央行向市场收回流动性的操作。现券交易分为现券买断和现券卖断两种。前者为央行直接从二级市场买入债券，一次性投放基础货币；后者为央行直接卖出持有的债券，一次性回笼基础货币。

由于中国人民银行资产结构的限制和可供操作的工具单一，特别是短期国债的缺乏以及利率尚未市场化等原因，制约了公开市场操作的规模和效应。近几年来，中央银行增加了中央银行票据的发行，以弥补公开市场操作工具的不足。中国人民银行通过发行短期债券，可以回笼基础货币，央行票据到期则体现为投放基础货币。

第二节　公开市场操作影响股票价格的理论分析

考虑到公开市场的规模，单个投资者的交易行为应该没有能力影响利率进而影响股票价格，中央银行也不例外。由于其在公开市场上的证券交易量只占整个市场交易总量的一小部分，因此中央银行的公开市场操作是如何影响利率进而影响其他资产价格的就变得十分有趣。

Tarhan（1995）认为对这一问题唯一的合理解释是中央银行的交易包含了价值极高的信息。中央银行在公开市场上进行的交易与其他投资者进行的交易的区别在于，中央银行当前的交易行为传达了其未来进行进一步交易的信号。只是基于当前中央银行的交易量只占整个市场的一小部分，就断定中央银行无法影响利率的推论具有极大的误导性，尤其是交易者是中央银行。投资者相信中央银行当前的交易行为意味着未来一系列的交易，因此当前的交易很可能对证券价格有重要影响。换言之，正是由中央银行当前的交易和当前交易引致的未来一系列的交易影响了当前的证券价格。例如，当投资者注意到中央银行在公开市场上净购买，而且将此视为未来货币政策趋于宽松的信号，那么证券价格很可能会上涨。在此情况下，央行当前的交易活动被看作未来一系列交易的风向标。央行当前的交易行为引起对其未来交易的预期，所以央行当前的购买规模明显地削弱了其对债券价格影响的重要性。

公开市场操作对股票价格的影响机制还可以从更深层次的金融理论角度进行探讨。根据信息不对称理论，公开市场操作传递的政策信号能够缓解投资者与央行之间的信息不对称。央行在公开市场操作中释放的政策意图，如买卖债券的规模和方向，可以为投资者提供关于未来货币供应量和利率走势的线索。投资者据此调整投资组合，进而影响股票价格。这种信息传递机制在市场不确定性较高时显得尤为重要，因为它能够有效稳定市场预期，降低信息搜寻成本，提高市场效率。此外，从市场预期理论角度看，公开市场操作对股票价格的影响还会受到投资者预期的动态调整影响。当央行通过公开市场操作传递出宽松的货币政策信号时，投资者通常预期未来经济增长将得到支持，企业盈利改善，从而推动股票价格上升；反之，紧缩的货币政策信号则可能导致投资者预期经济增长放缓，企业盈利下降，进而引发股票价格下跌。这种预期调整过程在不同市场参与者之间可能存在差异，导致股票价格在短期内出现波动。

一、封闭经济条件下公开市场操作对股票价格的影响

在金融市场比较发达的国家，中央银行往往通过公开市场操作影响市场基准利率，基准利率的变动会影响汇率、股票

价格和银行借贷,最终影响实体经济。

Meltzer(1995)构建了一个包括三类资产的模型,这三类资产分别是在实体经济交换中起中介作用的名义货币、有名义收益的证券资产和会产生实际收益的实际资本。投资者会在这三种资产之间构建一个最优组合,而且这三种资产可以相互替代,但并不是可以完全替代的。Meltzer 构建的模型清晰地描述了公开市场操作对资产价格的影响过程。

如图 6-1 所示,曲线 CM 表示股票市场处于均衡状态,MM 表示货币市场处于均衡状态,CM 与 MM 的交点表示股票市场与货币市场处于均衡状态。曲线 CM 与 MM 在图中的位置是由投资者预期、既定的商品价格和资产存量决定的。对资产的需求和现有资产存量决定了股票价格水平和利率的均衡值。由于人们并不清楚货币冲击是短期的还是长期的,因此金融资产市场会对货币冲击作出快速反应。

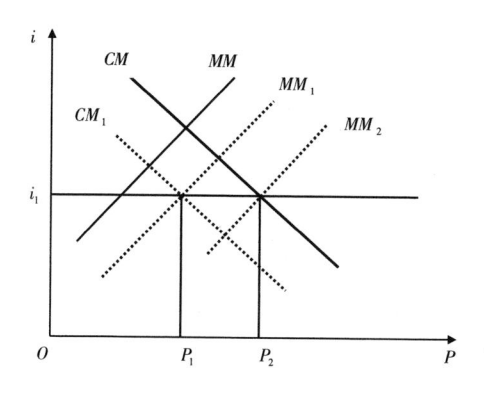

图 6-1 股票市场与货币市场的均衡

当中央银行的公开市场购买会使基础货币供应量增加时，图中 MM 曲线会向右方移动至 MM_1，利率水平由于货币供应量的增加而下降，货币供应量的增加和利率的下降会使投资者调整资产组合，他们会购进证券，这会使股票价格上升；同时，由于中央银行在公开市场上购买了有价证券，这会使银行和公众持有的证券存量减少，CM 曲线因此会左移至 CM_1。MM_1 和 CM_1 曲线相交使得货币市场和股票市场重新达到均衡状态。由于证券数量的减少和货币供应量的增加必定会使利率降低，但并不确定证券价格的变化，如果这两种影响相等，那么公开市场操作不会影响证券价格，如果这两种影响不等，那么公开市场操作就会影响证券价格。实证研究表明，中央银行在公开市场上的购买使证券价格包括股票价格上升；而公开市场的出售则使证券价格包括股票价格下跌。这表明，MM 曲线右移促使股票价格上涨的效应大于 CM 曲线左移促使股票价格下跌的效应。

二、开放经济条件下公开市场操作对股票价格的影响

中央银行在开放经济条件下的公开市场操作对象不仅包括国内证券，还包括国外证券。由中央银行的公开市场操作活动而引致的货币冲击不仅会影响投资者的资产组合，而且还会

影响市场利率和汇率。假定外国货币和本国货币不能相互替代，由于不同国家债券的风险各不相同，使得不同的国家债券无法完全替代；私人部门除持有本国证券和本国货币外，还持有外国货币和外国证券资产。所以，在开放经济条件下，央行的公开市场操作，不仅会影响金融资产的结构变动，还会影响金融资产之间的替代。

（1）金融资产价格对中央银行货币冲击总量效应的响应。如果中央银行在公开市场上买入证券，这会使本国基础货币增加，基础货币增加会使投资者重新调整其资产结构。假定其他条件保持不变，如果对国内证券的需求增加，那么国内证券的价格将会上升，利率将会下降，这会使汇率上升即本币贬值；相应地，如果对国外证券的需求增加，那么外币会升值。如图6-2所示，横轴i代表利率水平，纵轴S代表汇率水平，FE_0曲线表示国外证券的均衡曲线，BE_0曲线为国内证券的均衡曲线。如果FE_0曲线向右移至FE_1，BE_0曲线向左移至BE_1，这会使均衡点由A点移动至B点，与A点相比，B点利率下降，汇率上升。

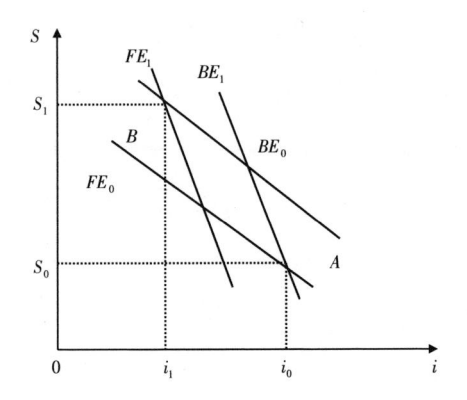

图 6-2　本国货币增加时对利率和汇率的影响

（2）金融资产价格对中央银行货币冲击的替代效应的响应。倘若央行从私人部门购买证券，这会导致货币供应量的增加，在汇率水平保持不变的条件下，利率水平便会下降。如图 6-3 所示，ME_0（货币供给）向左移动到 ME_1，由于私人部门卖出了证券，在汇率水平保持不变的条件下，BE_0 曲线向左移动到 BE_1，这会使本币贬值、利率下降。

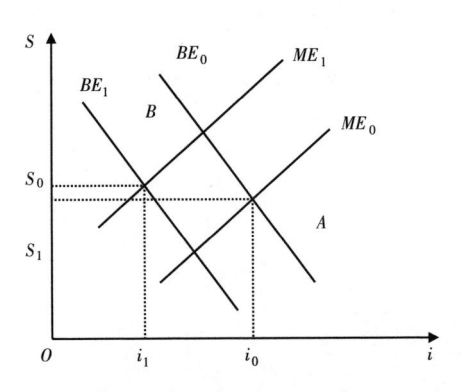

图 6-3　中央银行的公开市场业务对利率和汇率的影响

如果中央银行购买了外国资产，这也会使货币供给增加，如图 6-4 所示，ME_0 曲线向左移动，利率从 i_0 下降到 i_1，同时购买外国资产将使本币贬值，FE_0 曲线向右移动，利率下降，本币贬值，均衡点由 A 点移动到 B 点。

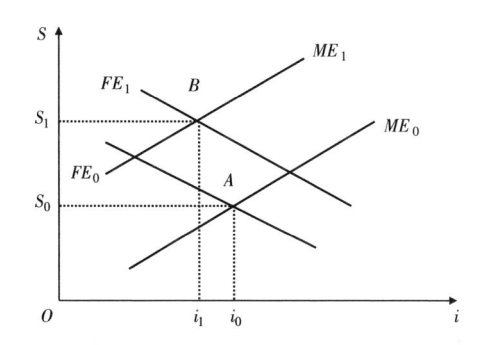

图 6-4　中央银行购买外国资产对利率和汇率的影响

第三节　变量、数据与模型选择

一、变量选择与数据处理

（1）利率。我国的银行存贷款利率还未完全市场化，国债市场规模还不大，银行存贷款利率尚无法作为基准利率。但是我国银行间同业拆借利率自 1984 年建立以来取得了长足的发展，已经成为完全市场化的利率，基本能够反映货币市场的资金供求状况，因此本书选择银行间 7 天内同业拆借加权平均利率作为利率的代理变量，记为 LL。

（2）公开市场操作。在许多发展中国家，由于国债市场不发达，中央银行往往发行中央银行债券作为公开市场操作的主要对象。[①]我国也不例外，由于中央银行债券的发行对象是国内金融机构，中央银行债券就具有调节商业银行和其他金融机构超额准备金的作用。2002年9月以前，我国中央银行很少发行中央银行债券，近年来由于长期的国际收支顺差，在结售汇制度下中央银行必须用人民币买进这些结余外汇，从而增加货币发行。为了抵消这种被动的货币发行的不利影响，中央银行必须通过公开市场出售债券，回笼货币。由于我国中央银行持有的国债数量较少，不足以承担回笼这些货币的重任，发行中央银行债券就成为中央银行在公开市场操作中回笼货币的重要工具，发行的中央银行债券数量大幅度增加。因此本书选择中国人民银行资产负债表中负债项下的中央银行债券来度量公开市场操作，记为GKSCCZ。

（3）股票价格。上证指数和深圳成指是我国股票市场上具有代表性的两种股票指数，本书选取每月末上证指数的收盘价作为我国股票市场上的代表性指数，记为GPJG。

（4）货币供应量。货币供应量是单位和居民个人在银行的各项存款和手持现金之和，其变化反映中央银行货币政策的变化，对企业生产经营、金融市场尤其是证券市场的运行和居民

---

① 陈学彬主编《中央银行概论（第二版）》，高等教育出版社，2007，第60页。

个人的投资行为有着重大的影响。在货币供应量各层次的划分中，M_0的口径太窄，M_2的口径太宽。在我国金融市场发育尚不健全的情况下，潜在货币与现实货币的界限还是比较清楚的，因此宜把M_1作为货币政策中介目标的重点。[①] 因此，本书选择M_1作为我国货币供应量的代理变量，记为$M1$。各变量的描述性统计见表6–1。

表6–1 各时间序列的描述性统计

变量参数	中央银行债券	股票价格	货币供应量	利率
均值	9.797118	7.651894	11.79895	0.023956
中位值	10.32358	7.636296	11.76582	0.021885
最大值	10.76877	8.743322	12.51809	0.055037
最小值	6.126520	6.908897	11.10765	0.009150
方差	1.136364	0.438908	0.428748	0.008765

注：中央银行债券、股票价格、货币供应量的描述性统计结果首先经季节处理，然后取对数；利率的描述性统计为经季节处理后的数据。

为了防止季节变动的影响，本书首先采用Census X12季节调整方法对所有数据进行了季节调整。然后为了消除异方差的影响，对所有数据都取自然对数。由于中国人民银行从2002年9月才开始公布中央银行债券数据，因此本书的研究区间为2002年9月—2011年9月，共109个样本。利率、货

---

① 毛泽盛、卞志村：《中央银行学》，人民出版社，2009，第342页。

币供应量和股票价格数据来源于 Wind 数据库，而中央银行债券数量则来源于中国人民银行网站。

二、模型选择

1980 年 Sims（1980）首先将向量自回归模型引入经济学研究中，从而推动了经济系统动态性分析的广泛应用。目前，在对时间序列的研究中，该方法已经成为使用最广泛的模型之一。本章也采用向量自回归模型研究贴现率变动对股票价格的影响。现建立滞后 p 阶的向量自回归模型：

$$\begin{pmatrix} LL_{1t} \\ M1_{2t} \\ GPJG_{3t} \\ GKSCCZ_{4t} \end{pmatrix} = B_1 \begin{pmatrix} LL_{1t-1} \\ M1_{2t-1} \\ GPJG_{3t-1} \\ GKSCCZ_{4t-1} \end{pmatrix} + B_2 \begin{pmatrix} LL_{1t-2} \\ M1_{2t-1} \\ GPJG_{3t-1} \\ GKSCCZ_{4t-1} \end{pmatrix} \cdots \\ + B_p \begin{pmatrix} LL_{1t-p} \\ M1_{2t-p} \\ GPJG_{3t-1} \\ GKSCCZ_{4t-1} \end{pmatrix} + \begin{pmatrix} \mu_{1t} \\ \mu_{2t} \\ \mu_{3t} \\ \mu_{4t} \end{pmatrix}, t = 1, 2, \ldots, T \quad (6.1)$$

第四节 实证检验

一、变量的单位根检验

检验时间序列是否平稳的过程称为单位根检验。常用的单位根检验方法主要有 ADF 检验、DFGLS 检验、PP 检验、

KPSS 检验、ERS 检验和 NP 检验，其中 ADF 检验在研究中得到了最为广泛的应用，其基本思想如下。

考虑 y 存在 p 阶序列相关，用 p 阶自回归过程来修正：

$$y_t = a + \phi_1 y_{t-1} + \phi_2 y_{t-2} + \cdots + \phi_p y_{t-p} + u_t \tag{6.2}$$

在式（6.2）两端减去 y_{t-1}，通过添项和减项的方法，可得：

$$\Delta y_t = a + \eta y_{t-1} + \sum_{i=1}^{p-1} \beta_i \Delta y_{t-i} + u_t \tag{6.3}$$

式中：$\eta = \sum_{i=1}^{p} \phi_i - 1$，$\beta_i = -\sum_{j=i+1}^{p} \phi_j$。ADF 检验方法是通过在回归方程右边加入因变量 y_t 的滞后差分项来控制高阶序列相关。

$$\Delta y_t = \eta y_{t-1} + \sum_{i=1}^{p-1} \beta_i \Delta y_{t-i} + u_t \tag{6.4}$$

$$\Delta y_t = a + \eta y_{t-1} + \sum_{i=1}^{p-1} \beta_i \Delta y_{t-i} + u_t \tag{6.5}$$

$$\Delta y_t = a + \eta y_{t-1} + \delta t + \sum_{i=1}^{p-1} \beta_i \Delta y_{t-i} + u_t \tag{6.6}$$

扩展定义将检验：$H_0: \eta = 0$，$H_1: \eta < 0$，也就是说原假设为：序列存在一个单位根，备择假设是不存在单位根。通过检验 η 的估计值 $\hat{\eta}$ 是否不拒绝原假设，进而判断一个高阶自相关序列 AR(p) 过程是否存在单位根。在检验时，如果拒绝原假设，则序列不存在单位根，为平稳序列，否则说明序列 y 是不平稳的，还需进一步检验其差分，直到拒绝原假设，来确定序列的单整阶数。在进行单位根检验时，通常采用 AIC 准则来

确定给定时间序列模型的滞后阶数。

表 6-2 给出了各变量的单位根检验结果。通过表 6-2 我们可以看出，利率、公开市场操作、股票价格和货币供应量 4 个变量的原始序列的 ADF 检验值和 PP 检验值都小于 1% 临界值，这说明这 4 个变量的原始值都是不平稳的时间序列，因此，需要对其一阶差分序列进行检验。如表 6-2 所示，这 4 个变量的一阶差分序列的 ADF 值都大于 1% 临界值，从而拒绝了原假设，说明这 4 个变量的一阶差分序列是平稳的。

表 6-2 各变量的单位根检验

变量	ADF 检验	1% 临界值	PP 检验	1% 临界值	平稳与否
GKSCCZ	−2.083600	−3.492523	−1.997836	−3.491928	不平稳
LL	−3.074982	−3.491928	−2.836524	−3.491928	不平稳
M1	0.217505	−3.491928	0.067171	−3.491928	不平稳
GPJG	−1.674621	−3.493129	−1.525141	−3.491928	不平稳
△GKSCCZ	−7.359839	−4.046072	−6.899937	−3.492523	平稳
△LL	−10.26001	−3.493129	−14.16353	−3.492523	平稳
△M1	−8.664262	−3.492523	−9.086268	−3.492523	平稳
△GPJG	−4.915718	−3.493129	−9.536699	−3.492523	平稳

二、协整检验（cointegration test）

k 维向量 $\mathbf{Y} = (y_1, y_2, y_3, \cdots, y_t)'$ 的分量间被称为 d, b 阶协

整，记为 $\mathbf{Y}\sim CI(d,b)$，如果满足：（1）$\mathbf{Y}\sim I(d)$，要求每个分量 $y_t\sim I(d)$；（2）存在非零向量 β，使得 $\beta'\mathbf{Y}\sim I(d-b)$，$0<b\leq d$。简称 $\mathbf{Y}$ 是协整的，向量 β 又称为协整向量。但是需要注意以下几点：作为对非平稳变量之间关系的描述，协整向量是不唯一的；协整变量必须具有相同的单整阶数；最多可能存在 $k-1$ 个线性无关的协整向量；协整变量之间具有共同的趋势成分，在数量上成比例。由于前面建立的模型主要是 VAR 模型，不涉及协整向量的选择，所以只需证明存在协整关系即可。

表 6-3 利率、公开市场操作、股票价格和货币供应量序列协整检验结果

原假设	Eigenvalue	迹检验			特征根检验		
		迹统计量	10%临界值	P值	最大特征根	10%临界值	P值
None	0.220910	50.00720	44.49359	0.0309	25.96144	25.12408	0.0795
At most 1	0.111181	24.04576	27.06695	0.1985	12.25765	18.89282	0.5224
At most 2	0.084262	11.78811	13.42878	0.1674	9.154626	12.29652	0.2735
At most 3	0.025004	2.633487	2.705545	0.1046	2.633487	2.705545	0.1046

就检验对象而言，协整检验可以分为两种：一种是基于回归系数的协整检验，最具代表性的是 Johansen 协整检验；另外一种是基于回归残差的协整检验，最具代表性的是 Engle 和 Granger（1987）提出的协整检验方法。本书主要采用 Johansen 协整检验，检验结果如表 6-3 所示。从表 6-3 我们可以看出，

无论是采用迹检验还是特征根检验，结果都表明利率、公开市场操作、股票价格和货币供应量 4 个变量之间存在 1 个协整向量。

三、Granger 因果关系检验 (Granger causality test)

向量自回归模型在经济研究中的一个重要用途是分析经济时间序列变量之间的因果关系，因此，Granger 因果关系检验是基于 VAR 模型进行的。以二元 p 阶 VAR 模型为例：

$$\begin{pmatrix} y_t \\ x_t \end{pmatrix} = \begin{pmatrix} a_{10} \\ b_{10} \end{pmatrix} + \begin{pmatrix} a_{11}^{(1)} & a_{12}^{(1)} \\ b_{21}^{(1)} & b_{22}^{(1)} \end{pmatrix} \begin{pmatrix} y_{t-1} \\ x_{t-1} \end{pmatrix} + \begin{pmatrix} a_{11}^{(2)} & a_{12}^{(2)} \\ b_{21}^{(2)} & b_{22}^{(2)} \end{pmatrix} \begin{pmatrix} y_{t-2} \\ x_{t-2} \end{pmatrix} + \cdots$$

$$+ \begin{pmatrix} a_{11}^{(p)} & a_{12}^{(p)} \\ b_{21}^{(p)} & b_{22}^{(p)} \end{pmatrix} \begin{pmatrix} y_{t-p} \\ x_{t-p} \end{pmatrix} + \begin{pmatrix} \varepsilon_{1t} \\ \varepsilon_{2t} \end{pmatrix}$$

(6.7)

在式 (6.7) 中，当且仅当系数矩阵中的系数 $a_{12}^q (q=1,2,\cdots,p)$ 全部为 0 时，变量 x 不能 Granger 引起 y，即变量 x 外生于变量 y。这时，判断 Granger 原因的直接方法是利用 F 检验来检验下述联合检验：

$$H_0: a_{12}^{(q)} = 0, \quad q = 1, 2, \cdots, p$$

$$H_1: 至少存在一个 q 使得 a_{12}^{(q)} \neq 0$$

其统计量 $S_1 = \dfrac{(RSS_0 - RSS_1)/p}{RSS_1/(T-2p-1)} \sim F(p, T-2p-1)$ 服从 F 分布。

如果 S_1 大于 F 的临界值，则拒绝原假设；否则接受原假设：x 不能 Granger 引起 y。其中，RSS_1 是式 (6.7) 中 y 方程的残差平方和；RSS_0 是不含 x 的滞后变量的残差平方和。但是，Granger 因果关系检验的结果都与滞后长度 p 的选择有关，并对处理序列非平稳性的方法选择结果极其敏感。

通过 Johansen 协整检验，我们确认了公开市场操作、货币供应量、利率和股票价格之间存在一个长期均衡的协整关系，但是无法确定它们之间是否存在因果关系。表 6-4 给出了各变量之间的因果关系检验结果。从检验结果我们可以看出，股票价格和公开市场操作之间、货币供应量和公开市场操作之间、利率和公开市场操作之间、利率和股票价格之间都不存在双向因果关系；股票价格和货币供应量之间存在单向因果关系，即股票价格会影响货币供应量的变动，而货币供应量则不能影响股票价格的变动；货币供应量与利率之间存在单向因果关系，即货币供应量会影响利率的变化，而利率不是货币供应量变化的 Granger 原因。

表 6-4　各变量之间的 Granger 因果关系检验结果

序号	Null Hypothesis	Obs	F-Statistic	Prob.	接受或拒绝原假设
1	股票价格不是央行公开市场操作变动的 Granger 原因	106	0.23895	0.7879	接受
2	央行公开市场操作不是股票价格变动的 Granger 原因	106	0.20985	0.8111	接受

续表

序号	Null Hypothesis	Obs	F-Statistic	Prob.	接受或拒绝原假设
3	货币不是央行公开市场操作变动的 Granger 原因	106	0.97610	0.3803	接受
4	央行公开市场操作不是货币变动的 Granger 原因	106	1.04769	0.3545	接受
5	利率不是央行公开市场操作变动的 Granger 原因	106	0.02221	0.9780	接受
6	央行债券不是利率变动的 Granger 原因	106	0.97527	0.3806	接受
7	货币不是股票价格变动的 Granger 原因	106	0.58843	0.5571	接受
8	股票价格不是货币供应量变动的 Granger 原因	106	7.72723	0.0008	拒绝
9	利率不是股票价格变动的 Granger 原因	106	2.11607	0.1258	接受
10	股票价格不是利率变动的 Granger 原因	106	1.43746	0.2423	接受
11	利率不是货币供应量变动的 Granger 原因	106	1.81222	0.1686	接受
12	货币供应量不是利率变动的 Granger 原因	106	3.43297	0.0361	拒绝

四、脉冲响应函数（Impulse Response of Function, IRF）

由于 VAR 模型是一种非理论性的模型，它无需对变量作任何先验性约束，因此在分析 VAR 模型时，往往不分析一个变量的变化对另一个变量的影响如何，而是分析当一个误差项发生变化，或者模型受到某种冲击时对系统的动态响应，这种分析方法称为脉冲响应函数方法。以两个变量的 VAR 模型为例：

$$\begin{cases} x_t = a_1 x_{t-1} + a_2 x_{t-2} + b_1 z_{t-1} + b_2 z_{t-2} + \varepsilon_{1t} \\ z_t = c_1 x_{t-1} + c_2 x_{t-2} + d_1 z_{t-1} + d_2 z_{t-2} + \varepsilon_{2t} \end{cases} (t = 1, 2, \cdots, T) \quad (6.8)$$

式中，a_i，b_i，c_i，d_i 是参数，扰动项 $\varepsilon_t = (\varepsilon_{1t}, \varepsilon_{2t})'$ 假定是白噪声误差项。假定上述系统从 0 期开始活动，且 $x_{-1} = x_{-2} = z_{-1} = z_{-2} = 0$，又假设第 0 期给定了扰动项 $\varepsilon_{10} = 1$，$\varepsilon_{20} = 0$，并且其后均为 0，即 $\varepsilon_{1t} = \varepsilon_{2t} = 0 (t = 1, 2, \cdots)$，称此为第 0 期给 x 以脉冲。若 $t = 0$，则 $x_0 = 1$，$z_0 = 0$。将其带入式（6.8），当 $t = 1$ 时，则 $x_1 = a_1$，$z_1 = c_1$。再将此结果带入式（6.8），$t = 2$ 时，$x_2 = a_1^2 + a_2 + b_1 c_1$，$z_2 = c_1 a_1 + c_2 + d_1 c_1$。继续这样算下去，设求得的结果为 x_0，x_1，x_2，x_3，…称为由 x 的脉冲引起的 x 的相应函数。同样求得的 z_0，z_1，z_3，…称为由 x 的脉冲引起的 z 的响应函数。

图 6-1、图 6-2、图 6-3 和图 6-4 分别给出了公开市场操作、股票价格、货币供应量和利率对各个变量冲击的脉冲响应函数。图中 GB、GUJIA、HUOBI 和 LILV 分别表示公开市场操作、股票价格、货币供应量和利率。利用 SIC 和 AC 最小的原则，建立了 4 变量的 VAR 模型。在下列各图中，横轴表示冲击作用的滞后期间数（单位：月度），图 6-1、图 6-2、图 6-3 和图 6-4 的纵轴分别表示公开市场操作、股票价格、

货币供应量和利率对各个变量冲击的响应。实线表示脉冲相应函数,虚线表示正负两倍标准差偏离带。

从图6-1可以看出,当本期分别给公开市场操作、股票价格、货币供应量和利率一个正的冲击后,公开市场操作受其自身的冲击最大,而股票价格、货币供应量和利率冲击对公开市场操作的影响非常小。从图6-2可以看出,当给公开市场操作一个正的冲击后,股票价格会朝相反的方向变动,但是这种影响太小,可以忽略不计;当给货币供应量一个正的冲击后,股票价格在当期会上涨,但此后开始下降,到第6期冲击基本消失;当给利率一个正的冲击后,股票价格在当期就开始下降,此后开始上涨,第2期后开始下降,至第3期后又开始上升,直到第4期基本消失。从图6-3可以看出,当给公开市场操作一个正的冲击后,货币供应量在当期就开始下降,很快又会上升,到第2期达到最大之后又开始下降,到第3期后,这种影响基本消失;当给股票价格一个正的冲击后,货币供应量会上升,并在第2期达到最大,此后开始下降,直到第7期这种冲击完全消失;当给利率一个正的冲击后,货币供应量在当期便开始下降,这种影响持续至第2期,自第2期后,货币供应量开始上升,到第3期达到最大值,第3期后又开始下降,直到第4期这种影响基本消失。从图6-4可以看出,当本期给公开市场操作一个正的冲击后,利率在第1期下降,但之后很快上升，到第 2 期达到最大，此后又开始下降，至第 3 期基本保持平稳，至第 5 期公开市场操作冲击对利率的影响完全消失；当给股票价格一个正的冲击后，利率在第 1 期会下降，此后基本保持平稳，第 2 期后开始上升，至第 3 期达到最大，此后开始下降，但一直为正，直到第 6 期股票价格对利率的冲击完全消失；当给货币供应量一个正的冲击后，利率在第 1 期便会下降，但之后逐渐上升，直到第 3 期达到最大，此后利率又开始下降，至第 4 期后货币供应量对利率的冲击逐渐消失。

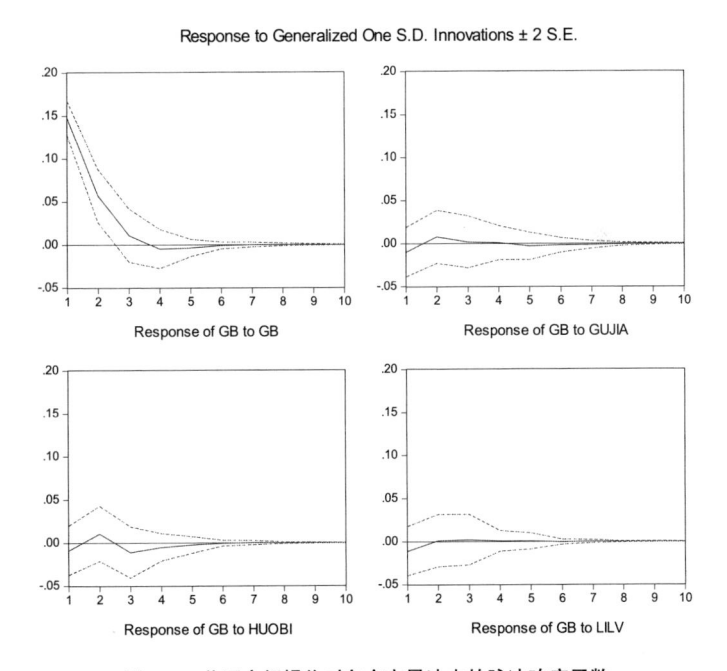

图 6-1 公开市场操作对各个变量冲击的脉冲响应函数

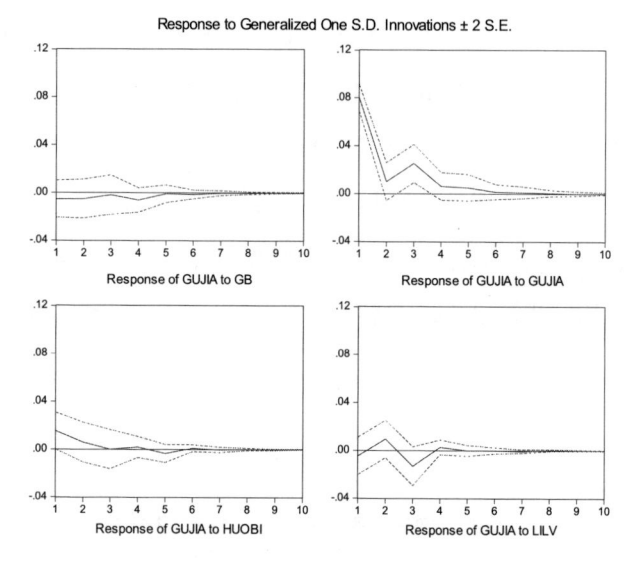

图 6-2　股票价格对各个变量冲击的脉冲响应函数

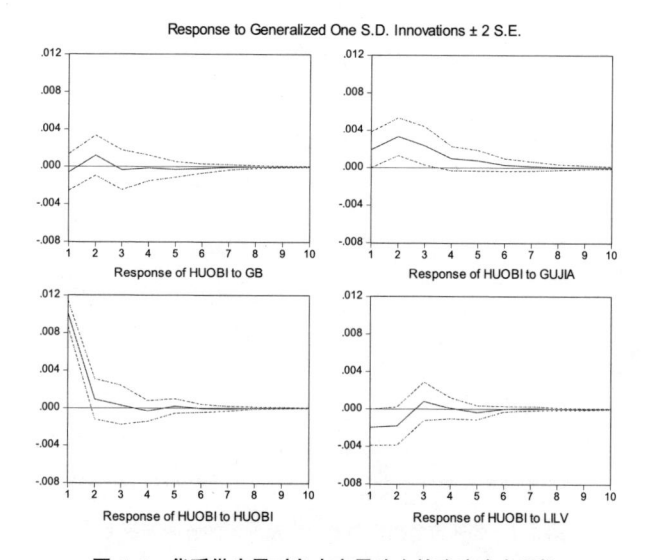

图 6-3　货币供应量对各个变量冲击的脉冲响应函数

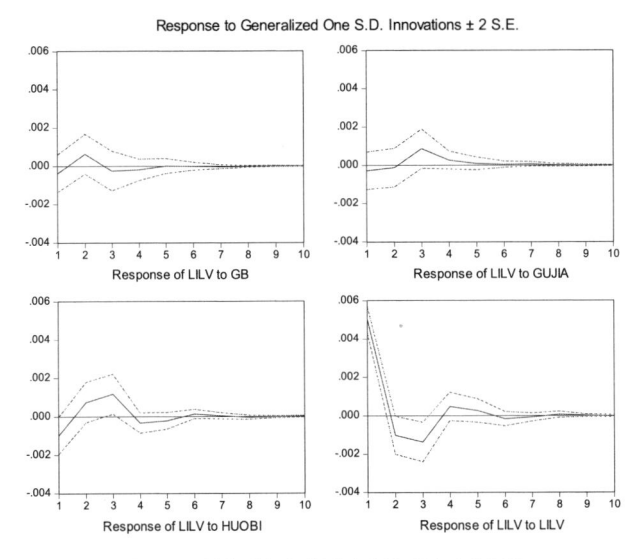

图 6-4 利率对各个变量冲击的脉冲响应函数

五、方差分解 (variance decomposition)

脉冲响应函数描述的是 VAR 模型中一个内生变量的冲击给其他内生变量所带来的影响，而方差分解则是通过分析每一个结构冲击对内生变量变化（通常用方差来度量）的贡献度，进一步评价不同结构冲击的重要性。因此，方差分解给出对 VAR 模型中的变量产生影响的每个随机扰动的相对重要性的信息。其基本思想如下：

$$y_{it} = \sum_{j=1}^{k}(a_{ij}^{(0)}\varepsilon_{jt} + a_{ij}^{(1)}\varepsilon_{jt-1} + a_{ij}^{(2)}\varepsilon_{jt-2} + a_{ij}^{(3)}\varepsilon_{jt-3} + \cdots)$$

$$i = 1, 2, \cdots, k, t = 1, 2, \cdots, T \tag{6.9}$$

式(6.9)括号中的内容是第 j 个扰动项 ε_j 从无限过去到现在时点对 y_i 影响的总和。假定 ε_j 无序列相关，则其方差为：

$$E[(a_{ij}^{(0)}\varepsilon_{jt} + a_{ij}^{(1)}\varepsilon_{jt-1} + a_{ij}^{(2)}\varepsilon_{jt-2} + \cdots)^2] = \sum_{q=0}^{\infty}(a_{ij}^q)^2\sigma_{jj},$$

$$i, j = 1, 2, \cdots, k \qquad (6.10)$$

这是把第 j 个扰动项对第 i 个变量从无限过去到现在时点的影响，用方差加以评价的结果。此处还假定扰动项向量的协方差矩阵 Σ 是对角矩阵，则 y_t 的方差是上述方差的 k 项简单和：

$$\mathrm{var}(y_i) = \sum_{j=1}^{k}\left\{\sum_{q=0}^{\infty}(a_{ij}^{(q)})^2\sigma_{jj}\right\}, \ i, = 1, 2, \cdots, k \qquad (6.11)$$

y_i 的方差可以分解成 k 种不相关的影响，因此为了测定各个扰动项相对 y_i 的方差有多大的贡献程度，定义了如下尺度：

$$RVC_{j \to i}(\infty) = \frac{\sum_{q=0}^{\infty}(a_{ij}^{(q)})^2\sigma_{jj}}{\mathrm{var}(y_i)} = \frac{\sum_{q=0}^{\infty}(a_{ij}^{(q)})^2\sigma_{jj}}{\sum_{j=1}^{k}\left\{\sum_{q=0}^{\infty}(a_{ij}^{(q)})^2\sigma_{jj}\right\}},$$

$$i, j = 1, 2, \cdots, k \qquad (6.12)$$

即相对方差贡献率（Relative Variance Contribution，RVC）是根据第 j 个变量基于冲击的方差对 y_i 的方差的相对贡献度来观测第 j 个变量对第 i 个变量的影响。

实际上，不可能用直到 $s = \infty$ 的 $a_{ij}^{(q)}$ 项和来评价。如果模型满足平稳性条件，则 $a_{ij}^{(q)}$ 随着 q 的增大呈几何级数的衰减，所

以只需取有限的 s 项。VAR(p) 模型的前 s 期的预测误差是

$$A_0\varepsilon_t + A_1\varepsilon_{t-1} + A_2\varepsilon_{t-2} + \cdots + A_{s-1}\varepsilon_{t-s+1}, \quad A_0 = I_k$$

可得近似的相对方差贡献率（RVC）：

$$RVC_{j\to i}(s) = \frac{\sum_{q=0}^{s-1}(a_{ij}^{(q)})^2\sigma_{jj}}{\sum_{j=1}^{k}\left\{\sum_{q=0}^{s-1}(a_{ij}^{(q)})^2\sigma_{jj}\right\}}, \quad i,j = 1, 2, \cdots, k \quad (6.13)$$

式中，$RVC_{j\to i}(s)$ 具有如下的性质：

(1) $0 \leq RVC_{j\to i}(s) \leq 1, \quad i,j = 1, 2, \cdots, k$；

(2) $\sum_{j=1}^{k} RVC_{j\to i}(s) = 1, \quad i,j = 1, 2, \cdots, k$。

如果 $RVC_{j\to i}(s)$ 大时，意味着第 j 个变量对第 i 个变量的影响大；相反，$RVC_{j\to i}(s)$ 小时，可以认为第 j 个变量对第 i 个变量的影响小。

表 6-5 给出了公开市场操作、利率、货币供应量和股票价格自身对股票价格变动的贡献程度。从表 6-5 可以看出，公开市场操作和货币供应量在 15 个滞后期间内对股票价格变动的贡献率始终没有超过 1%，这说明公开市场操作和货币供应量不是影响股票价格变动的主要因素；而利率对股票价格变动的贡献率在第 1 期为 0，在第 2 期为 0.21% 左右，在第 3 期达到 1.5% 左右，此后基本上保持在 1.56% 左右，但是很显然利率对股票价格波动的贡献率也是很小的。股票价格自身对其

波动的贡献最大,始终保持在96%以上,这体现出股票价格随机游走的特征。

表6-5 股票价格的方差分解结果　　　　单位:%

Period	S.E.	GB	GUJIA	HUOBI	LILV
1	0.147646	0.301144	99.69886	0.000000	0.000000
2	0.159414	0.686039	98.77714	0.322608	0.214210
3	0.160240	0.668526	97.33207	0.507993	1.491407
4	0.160371	0.945570	97.00696	0.504984	1.542490
5	0.160427	0.947598	96.87664	0.613704	1.562062
6	0.160433	0.961958	96.86038	0.616353	1.561314
7	0.160435	0.962108	96.85593	0.619444	1.562515
8	0.160435	0.962537	96.85558	0.619424	1.562463
9	0.160436	0.962554	96.85544	0.619539	1.562467
10	0.160436	0.962567	96.85542	0.619539	1.562470
11	0.160436	0.962570	96.85542	0.619541	1.562470
12	0.160436	0.962571	96.85542	0.619542	1.562470
13	0.160436	0.962571	96.85542	0.619542	1.562470
14	0.160436	0.962571	96.85542	0.619542	1.562470
15	0.160436	0.962571	96.85542	0.619542	1.562470

第五节 小结

在股票市场上,虽然中央银行是各类投资者最关注的机构之一，但是国内外学术界，尤其是我国学术界还没有就公开市场操作对股票价格的影响方面的研究成果，本书填补了这一学术空白。

本书采用向量自回归模型，通过 Johansen 协整检验、Granger 因果关系检验、脉冲响应函数和方差分解等方法，就我国央行公开市场操作对股票价格的影响进行了实证研究。研究结果表明：我国股票价格呈现出明显的随机游走特征，而公开市场操作、货币供应量和利率对股票价格的影响都不显著。这一实证研究结果与 Tarhan（1995）的研究结果相同。

综合上述分析，公开市场操作对股票价格的影响机制是复杂且多维的，其传导途径和效果受到多种因素的制约和影响。从货币政策传导机制的有效性来看，公开市场操作对股票价格的影响程度，在很大程度上取决于金融市场的完善程度、投资者的预期行为以及宏观经济环境的稳定性。在当前我国金融市场不断深化和开放的背景下，公开市场操作在货币政策传导中的作用正在逐步增强。央行应进一步优化公开市场操作的策略和工具，提高操作的透明度和灵活性，加强与市场的沟通和预期管理，以确保货币政策的有效传导。同时，投资者应更加关注公开市场操作的政策信号意义，理性分析政策背后的经济基本面和市场趋势，避免盲目跟风和过度投机行为，从而实现资产的稳健配置和价值增长。

第七章 货币供应量对股票价格的影响

近年来,随着金融市场的不断发展和创新,货币供应量对股票价格的影响机制也在不断演变。一方面,金融工具的多样化使得投资者有更多的选择来应对货币供应量的变化。例如,随着衍生品市场的兴起,投资者可以利用期货、期权等工具来对冲股票市场的风险,从而降低货币供应量变化对股票价格的直接影响。另一方面,金融市场的全球化也使得货币供应量的变化不仅影响本国股票市场,还可能通过国际资本流动对其他国家的股票市场产生溢出效应。例如,当一个国家的货币供应量大幅增加时,可能会导致本国货币贬值,从而引发国际资本流出,对其他国家的股票市场造成冲击。

货币供应量是指一个国家某个时点流通中的本国货币总量,它是一个存量,通常在月末、季末和年末进行统计。无论是存款准备金率和贴现率的变动，还是公开市场操作业务的变动，都会影响货币政策中介目标——货币供应量的变动，而货币供应量的变动最终会影响企业利润和股票价格的变动。本节也采用向量自回归模型，通过 Johansen 协整检验、Granger 因果关系检验、脉冲响应函数和方差分解等计量经济学方法分别研究了 M_0、M_1 和 M_2 变动对股票价格的影响。

第一节　货币供应量影响股票价格的理论分析

如果一只股票被看作随着时间的推移投资者会取得收益的一项资产，那么就可以很容易地对货币供应量与股票价格之间的关系加以描述。根据预期股息的贴现值，股票的价值可以写成：

$$PDV_0 = \sum_{t=0}^{\infty} \frac{D_0(1+g_t)^t}{(1+r_t+\rho_t)^t}$$

式中，PDV_0 表示股票当前的价格，D_0 表示当前的股息水平，g_t 表示 t 时刻股息的预期增长率，r_t 表示无风险利率，ρ_t 表示风险溢价，预期贴现率则等于无风险利率与风险溢价之和。根据定义，投资者愿意购买那些价格等于其贴现值的股票。因此根据上述公式，股票的价格是由下述 3 个变量决定的：股息水平 D_0 和股息增长率 g_t，无风险利率 r_t，风险溢价 ρ_t。下文将证明货币供应量与股息水平和股息增长率呈正相关关系，货币供应量与无风险利率以及风险溢价呈负相关关系，以及股票价格与货币供应量呈正相关关系。

货币供应量是通过公司当前的盈利与预期的盈利来影响股息的。假定货币需求不变，那么货币供应量的减少将会使利率上升而且使对利率比较敏感的投资支出下降。投资支出下降将通过乘数效应使公司的销售收入减少且使收益率降低。虽然收益的降低对股息产生影响的时机依赖于公司的现金流和流动性状况，但是最终的结果一定是股息的减少。虽然当前的股息减少会使当前的股票价格下降，但是杠杆效应对货币供应的影响的主要意义在于其对股息预期增长率的影响。正是这个原因才使得货币供给对股息的预期影响至少和决定股票价格反应的任何实际短期影响一样重要。

货币供给对构成投资者贴现率的无风险利率的影响是货币供给对市场利率影响的直接体现。然而，由于货币紧缩使得市场利率明显提高或许会在借贷市场上通过信贷配给得以加强，在此情况下，货币紧缩要比只提高市场利率水平更能在更大限度上提高贴现率。就货币供应量对股息的影响而言，需要强调的是，货币供应量对无风险利率的影响主要基于未来无风险利率水平预期值的变动而非当前值的实际变动。

货币供应量对构成投资者贴现率的风险溢价的影响更加难以量化。由于货币供应量与股息增长率的未来值和无风险利率水平相联系的不确定性，从而产生了风险。假定投资者是风险厌恶者，那么风险溢价将是正的并且与不断上升的不确定性呈正相关关系。货币紧缩必须通过提升投资者对未来预期的不确定性来影响风险溢价。这表明货币紧缩程度的提高或许和影响风险溢价的紧缩程度一样重要。

第二节 数据与研究方法

在本节中，我们对货币供应量与股票价格关系的实证研究方法进行了进一步的细化和补充。首先，对于变量的选取，除了原有的货币供应量（M_0、M_1、M_2）、股票价格指数外，我们还考虑了其他可能影响股票价格的宏观经济变量，如通货膨胀率、利率水平等，以确保模型的全面性和准确性。其次，在数据处理方面，我们对数据进行了更加细致的预处理，包括异常值的检测和处理、数据的标准化等，以提高模型的稳健性和可靠性。在模型构建过程中，我们对向量自回归模型进行了进一步的优化和调整，通过添加更多的滞后项和控制变量，使模型能够更好地捕捉货币供应量与股票价格之间的动态关系。此外，我们还对模型的诊断和检验进行了更加严格的把关，包括残差的自相关性检验、模型的稳定性检验等，以确保模型的合理性和有效性。

一、变量与数据处理

为了研究货币供应量对股票价格是否有影响，本书考察股票价格与货币政策中介目标，即货币供应量与利率以及通货膨胀率与经济增长等货币政策最终目标之间的关系。由于可以从数据库中得到货币供应量、利率、通货膨胀率、股票价格指数方面的月度数据，而国内生产总值只能得到季度数据，本书采用插值法对国内生产总值季度数据进行处理，使它变为月度数据。另外无论是中经网统计数据库还是 RESSET 金融研究数据库，消费者价格指数的环比数据都始于 2001 年 1 月，因此货币供应量对股票价格的影响的样本区间为 2001 年 1 月至 2011 年 6 月，这样总共得到 126 个样本数据，所有数据均来源于中经网统计数据库中的宏观月度库。

（1）货币供应量。货币供应量是单位和居民个人在银行的各项存款和手持现金之和，其变化反映着中央银行货币政策的变化，对企业生产经营、金融市场尤其是证券市场的运行和居民个人的投资行为有着重大的影响。中央银行一般根据监测和宏观调控的需要，按照流动性的大小将货币供应量划分为不同的层次。根据一定的原则，我国现行货币统计制度将货币供应量划分为三个层次：M_0 = 流通中的现金；$M_1 = M_0$ + 单位活期存款；$M_2 = M_1$ + 储蓄存款 + 企业定期存款，并于 1994 年起正式编制并向社会公布。

（2）股票价格指数。在股票市场正式建立后的相当长一段时期内，我国都没有编制统一的股票价格指数，直到 2005 年 4 月 8 日沪、深证券交易所才联合发布了反映 A 股市场整体走势的沪深 300 指数。但是经计算，2001 年 1 月—2011 年 6 月，我国股票市场上具有代表性的两种股票指数，即上证综指和深圳成指间的相关系数高达 0.9639，这说明在样本期内，这两种股票价格指数的走势十分相似，因此选择哪种股价指数对于结果而言都不会有太大的差别，本书选取每月末上证综指的收盘价作为我国股票市场上的代表性指数。

（3）利率。在金融市场比较发达的国家，基准利率是整个利率体系形成的基石，是中央银行制定基准利率的价格信号和参照系数。市场利率一般由银行同业拆借利率、银行存贷款利率、国债利率等组成。在发达国家，基准利率具有市场化、基础性和传递性这几个基本特征。就我国而言，银行存贷款利率还未完全市场化，国债的市场化发行机制虽然已经建立，但由于其规模不大，因此尚无法作为基准利率。我国银行间同业拆借利率自 1984 年建立以来取得了长足的发展，已经成为完全市场化的利率，能够基本反映货币市场的资金供求状况，因此本书选择银行间 7 天内同业拆借加权平均利率作为利率的代理变量。

（4）通货膨胀率。我国国内度量通货膨胀率的常用方法有两种，即消费者价格指数（CPI）和商品零售价格指数（RPI），其主要的区别在于消费者价格指数将服务价格计算在内。[①] 因此本书选取消费者价格指数作为通货膨胀率的代理变量，本书以 2000 年 12 月为基期（=1），将其后各月的环比消费者价格指数连乘，从而得到各月的定基消费价格指数。

（5）经济增长。在经济研究中，一般用 GDP 来度量经济增长，由于我国只发布季度 GDP 数据，为了得到月度 GDP 数据，本书采用插值法对季度数据进行了处理，从而得到了 GDP 的月度数据。

在经济研究中，不规则要素和季节变动要素常常掩盖经济发展变化中的客观规律，给研判经济发展的趋势和目前经济所处的状态带来相当大的困难。因此，往往在分析之前对经济时间序列进行季节调整，以剔除不规则要素和季节变动要素的影响。季节调整就是从时间序列中去除季节变动要素，从而显示出序列潜在的趋势循环分量，趋势循环分量能够真实地反映经济时间序列运动的客观规律。[②] 本书首先采用 Census X12 方法对所有数据进行季节调整，然后分别对所有经季节调整后的时间序列数据取自然对数，以降低其异方差性。图 7-1 给出

[①] 赵进文、高辉:《资产价格波动对中国货币政策的影响：基于 1994 年—2006 年季度数据的实证分析》，《中国社会科学》2009 年第 2 期。
[②] 高铁梅主编《计量经济分析方法与建模：Eviews 应用及实例》，清华大学出版社，2009，第 30 页。

了 2001 年 1 月—2011 年 6 月经季节调整并取自然对数后各个变量的图形。

从图 7-1 可以看出，经过季节调整且取自然对数后 lnCPI、lnGDP、$\ln M_0$、$\ln M_1$ 和 $\ln M_2$ 5 个时间序列在样本期内呈不断上升趋势，lnSZZS 和 lnRR 也呈现出随机游走的趋势，这表明这些变量的均值在发生变化，因此这 7 个时间序列很可能不是平稳的时间序列。

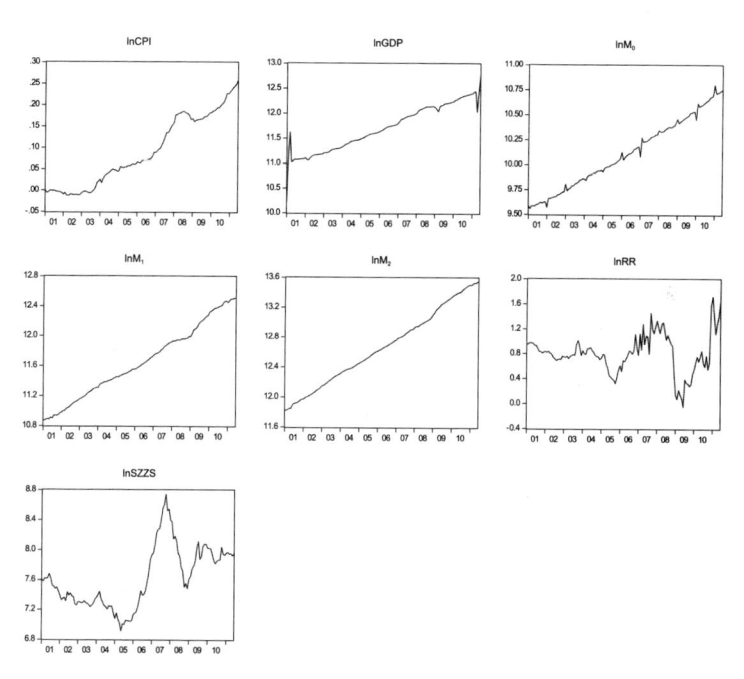

图 7-1　经季节调整和取对数后的各时间序列数据图形

二、研究方法

本节采用 VAR（向量自回归）模型就货币供应量对股票价格的影响进行实证分析。如果 M_0、M_1 和 M_2 之间不存在高度相关性，那么可以将其放入同一个 VAR 模型中进行分析，但经计算，样本期内，M_0 与 M_1 的相关系数为 0.973591，M_0 与 M_2 的相关系数为 0.974654，M_1 与 M_2 的相关系数为 0.998114，可以说 M_0、M_1 和 M_2 之间是高度相关的。为了避免多重共线性的影响，不能将其同时放入 VAR 模型进行实证分析，需要分别就 M_0、M_1 和 M_2 对股票价格的影响进行实证分析，因此建立如下的 VAR(p) 模型：

$$\begin{pmatrix} CPI_{1t} \\ GDP_{2t} \\ M_{3t} \\ SZZS_{4t} \\ RR_{5t} \end{pmatrix} = \Phi_1 \begin{pmatrix} CPI_{1t-1} \\ GDP_{2t-1} \\ M_{3t-1} \\ SZZS_{4t-1} \\ RR_{5t-1} \end{pmatrix} + \Phi_2 \begin{pmatrix} CPI_{1t-2} \\ GDP_{2t-2} \\ M_{3t-2} \\ SZZS_{4t-2} \\ RR_{5t-2} \end{pmatrix} + \cdots + \Phi_p \begin{pmatrix} CPI_{1t-p} \\ GDP_{2t-p} \\ M_{3t-p} \\ SZZS_{4t-p} \\ RR_{5t-p} \end{pmatrix} + \begin{pmatrix} \varepsilon_{1t} \\ \varepsilon_{2t} \\ \varepsilon_{3t} \\ \varepsilon_{4t} \\ \varepsilon_{5t} \end{pmatrix}$$

$$t = 1, 2, \cdots, T$$

VAR 模型要求所采用的所有时间序列数据都是平稳的，因此在采用 VAR 模型进行实证分析之前，必须首先对各时间序列数据的平稳性进行检验，如果各时间序列不平稳，必须对其进行差分使其变为平稳数据。本书采用学术界广泛使用的 ADF 检验，对 lnCPI、lnGDP、$\ln M_0$、$\ln M_1$、$\ln M_2$、lnSZZS

和 lnRR 及其一阶差分时间序列 $\Delta \ln CPI$、$\Delta \ln GDP$、$\Delta \ln M_0$、$\Delta \ln M_1$、$\Delta \ln M_2$、$\Delta \ln SZZS$ 和 $\Delta \ln RR$ 进行检验。检验结果如表 7-1 所示,从表 7-1 可以看出,lnCPI、lnGDP、$\ln M_0$、$\ln M_1$、$\ln M_2$、lnSZZS 和 lnRR 都是不平稳的时间序列,而其一阶差分都是平稳的时间序列,因此原序列都是一阶单整序列 $I(1)$。

表 7-1　各时间序列变量的单位根检验结果

变量	ADF 检验 ADF 值	1% 临界值	平稳性	变量	ADF 检验 ADF 值	1% 临界值	平稳性
lnCPI	−1.972064	−4.033108	不平稳	$\Delta \ln CPI$	−2.92177	−2.584055	平稳
lnGDP	0.752101	−3.484198	不平稳	$\Delta \ln GDP$	−23.5589	−3.484198	平稳
$\ln M_0$	−1.305000	−4.040532	不平稳	$\Delta \ln M_0$	−8.85154	−4.036310	平稳
$\ln M_1$	−1.639148	−4.033108	不平稳	$\Delta \ln M_1$	−11.6167	−4.033727	平稳
$\ln M_2$	−1.940422	−4.034997	不平稳	$\Delta \ln M_2$	−4.67578	−4.034997	平稳
lnSZZS	−2.925768	−4.035648	不平稳	$\Delta \ln SZZS$	−5.48757	−4.034356	平稳
lnRR	−2.541595	−4.033108	不平稳	$\Delta \ln RR$	−12.5816	−4.033727	平稳

注:ADF 检验判断标准以 SIC 最小为主,△为一阶差分。

第三节　M_0 对股价指数影响的实证分析

在对 M_0 与股票价格指数关系的进一步分析中,我们发现,除了短期的波动外,M_0 与股票价格之间还存在一定的长期均衡关系。通过协整分析，我们发现 M_0 与股票价格指数之间的长期均衡系数在不同的样本期内表现出一定的稳定性，这表明 M_0 对股票价格的影响在长期内具有一定的规律性。此外，我们还对 M_0 的冲击响应函数进行了更加细致地分析，发现 M_0 的冲击对股票价格的影响在不同时间段内存在差异。在短期内，M_0 的冲击可能会引起股票价格的剧烈波动，但在长期内，这种影响会逐渐减弱并趋于稳定。这可能与市场的自我调节机制以及投资者对货币供应量变化的适应性有关。

一、Johansen 协整检验

自 20 世纪 80 年代 Granger 建立协整理论后，协整理论取得了长足的发展，目前已经成为处理非平稳时间序列数据的规范性方法。本书采用学术界广泛使用的 Johansen 极大似然估计方法来进行协整检验，检验结果如表 7-2 所示。从表 7-2 我们可以看出，无论是采用迹检验还是特征根检验，结果都表明 lnCPI、lnGDP、lnM_0、lnSZZS 和 lnRR 之间存在 2 个协整向量。由于前面建立的模型主要是 VAR 模型，不涉及协整向量的选择，所以只需证明存在协整关系即可。

表 7-2 lnCPI、lnGDP、lnM_0、lnSZZS 和 lnRR 序列协整检验的结果

原假设	Eigenvalue	迹检验			特征根检验		
		迹统计量	5%临界值	P值	最大特征根	5%临界值	P值
None	0.2804	89.16828	69.81889	0.0007**	38.507	33.87687	0.0130**
At most 1	0.2213	50.66085	47.85613	0.0266**	29.279	27.58434	0.0300**
At most 2	0.1017	21.38162	29.79707	0.3343	12.554	21.13162	0.4940
At most 3	0.0724	8.827036	15.49471	0.3816	8.8030	14.26460	0.3029
At most 4	0.0002	0.024001	3.841466	0.8768	0.0240	3.841466	0.8768

注：加 ** 表示在 5% 的显著性水平下拒绝原假设。

二、Granger 因果关系检验

Granger 因果关系检验的基本原理是：在 Y 对其他变量做回归时，如果把 X 的滞后值包括进来能够显著地改善对 Y 的预测，这就意味着 X 是 Y 的 Granger 原因；如果 X 的滞后值包括进来无法改善对 Y 的预测，这就意味着 X 不是 Y 的 Granger 原因。通过 Johansen 协整检验，我们虽然确认了 lnCPI、lnGDP、lnM_0、lnSZZS 和 lnRR 之间存在长期均衡的协整关系，但是却无法确定它们之间是否存在因果关系。本章的目的在于研究货币供应量是否会影响股票价格，表 7-3 给出了 2001 年 1 月—2011 年 6 月 GDP、CPI、RR 和 M_0 是否对 SZZS 有影响的 Granger 因果关系检验结果。其中检验的滞后阶数为 10。从

检验结果我们可以看出，国内生产总值、通货膨胀率不能影响上证综指的概率分别为 91.92%、40.06%，利率不能影响上证综指的概率为 24.46%，表明利率外生于系统，这与我国实行固定利率制度是相吻合的，而 M_0 不能影响上证综指的概率不到 1%。因此我们得出在样本期内，通货膨胀率和利率不是股票价格指数变动的原因，而国内生产总值和 M_0 是股票价格指数变动的原因。

表 7-3　M_0 与其他变量的 Granger 因果关系检验结果

序号	Null Hypothesis	Obs	F-Statistic	Prob.	结论
1	GDP does not Granger Cause SZZS	123	0.08427	0.9192	接受零假设
2	CPI does not Granger Cause SZZS	123	0.92183	0.4006	接受零假设
3	RR does not Granger Cause SZZS	123	1.42509	0.2446	接受零假设
4	M_0 does not Granger Cause SZZS	123	0.86012	0.4257	接受零假设

三、脉冲响应函数

在实际应用中，由于 VAR 模型是一个非理论性的模型，它无需对变量作任何先验性约束，因此在分析 VAR 模型时，往往不分析一个变量的变化对另一个变量的影响如何，而是分析当一个误差项发生变化，或者模型受到某种冲击时对系统的动态响应，这种分析方法称为脉冲响应函数方法。下面利用脉冲响应函数分析 CPI、GDP、RR 和 M_0 的变动对股票价格指数的影响。

图 7-2 中 CPI 表示通货膨胀率，GDP 表示国内生产总值，RR 表示利率，M_0 表示流通中的现金，SZZS 表示股票价格指数。样本区间为 2001 年 1 月—2011 年 6 月，利用 SIC 和 AC 最小的原则，建立了 5 个变量的 VAR 模型，下面分别给 CPI、GDP、RR、M_0 和 SZZS 一个冲击，从而得到上证指数变动的脉冲响应函数图。在下列各图中，横轴表示冲击作用的滞后期间数（单位：月度），纵轴表示上证指数的响应，实线表示脉冲响应函数，代表了上证指数对 CPI、GDP、RR、M_0 和 SZZS 的冲击的反应，虚线表示正负两倍标准差偏离带。

从图 7-2 可以看出，当本期给 M_0 一个正的冲击后，上证指数在前两期内上涨并在第 2 期达到最大值，在达到最大值之后，上证指数开始下降，至第 3 期 M_0 对上证指数的影响为 0，此后几乎都为 0，这表明增加货币供应量的扩张性货币政策会影响股票价格指数大约 3 个月。

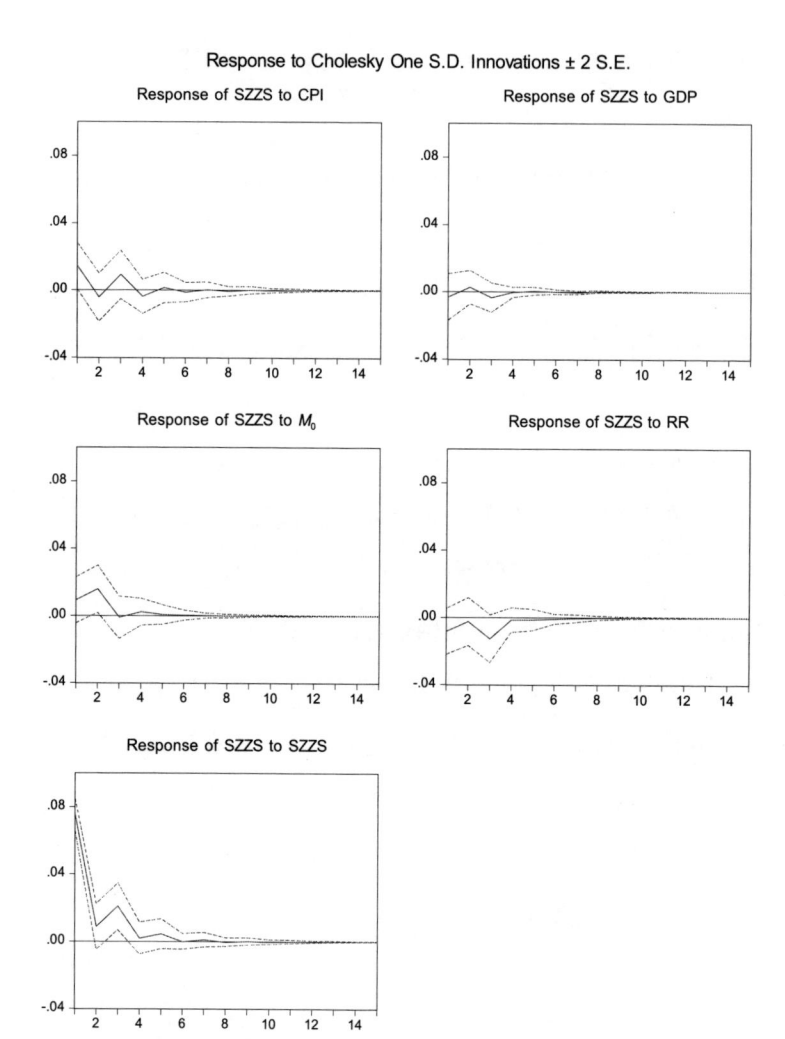

图 7-2　lnSZZS 对 lnCPI、lnGDP、lnM_0 和 lnRR 的脉冲响应函数图

四、方差分解

脉冲响应函数描述的是 VAR 模型中的一个内生变量的冲击给其他内生变量所带来的影响。而方差分解则是通过分析每一个结构冲击对内生变量变化（通常用方差来度量）的贡献度，以进一步评价不同结构冲击的重要性。表 7-4 给出了通货膨胀率、国内生产总值、M_0 和利率对股票价格变动的贡献程度。从表 7-4 可以看出，除了股票价格自身的贡献率之外，通货膨胀率对股票价格变动的贡献最大达到 4.58%，利率的贡献最大为 3.29%，GDP 的贡献最大不到 1%，而 M_0 对上证综指波动的贡献在第 2 期达到了最大 5.27%，第 2 期之后稳定保持在 4.8% 左右。

表 7-4　CPI、GDP、M_0 和 RR 对 SZZS 变动的贡献率　　单位：%

	SZZS 的方差分解结果
Period	S.E.	CPI	GDP	RR	SZZS	M_0
1	0.003810	3.392631	0.168949	1.104650	93.89889	1.434878
2	0.003903	3.491554	0.272403	1.130241	89.84031	5.265489
3	0.004148	4.344096	0.421979	3.249301	87.21890	4.765724
4	0.004231	4.535113	0.421963	3.265512	86.95414	4.823270
5	0.004285	4.549576	0.422750	3.279551	86.93404	4.814079
6	0.004299	4.570776	0.422711	3.289954	86.90210	4.814456
7	0.004314	4.570421	0.425808	3.292545	86.89748	4.813746

续表

		SZZS 的方差分解结果				
Period	S.E.	CPI	GDP	RR	SZZS	M_0
8	0.004317	4.576177	0.426172	3.292796	86.89150	4.813359
9	0.004320	4.576152	0.426198	3.293156	86.89114	4.813359
10	0.004320	4.577021	0.426311	3.293099	86.89016	4.813409
11	0.004321	4.577099	0.426313	3.293095	86.88998	4.813517
12	0.004321	4.577158	0.426340	3.293112	86.88988	4.813505
13	0.004321	4.577171	0.426344	3.293111	86.88987	4.813506
14	0.004321	4.577209	0.426345	3.293113	86.88983	4.813506
15	0.004321	4.577208	0.426346	3.293116	86.88982	4.813507

综上所述，Johansen 协整检验、Granger 因果关系检验、脉冲响应函数和方差分解的结果均表明，M_0 对股票价格的影响不显著。

第四节　M_1 对股价指数影响的实证分析

在进一步探讨 M_1 对股票价格的影响时，我们注意到，M_1 作为货币供应量的一个重要层次，其变化不仅反映经济活动中的现金和活期存款的变动，还与企业的短期资金流动性密切相关。企业通常会根据 M_1 的变化来调整其资金管理和投资策略，从而对股票价格产生间接影响。此外，我们还对 M_1 与股票价格之间的因果关系进行了更加深入地分析。通过 Granger 因果关系检验，我们发现，在某些样本期内，M_1 与股票价格之间存在双向的因果关系，这表明股票价格的变化也可能反过来影响 M_1 的走势。这可能与市场的预期效应以及投资者的行为反馈有关。

一、Johansen 协整检验

表 7-5 给出了对 lnCPI、lnGDP、$\ln M_1$、lnSZZS 和 lnRR 进行 Johansen 序列协整检验的结果。结果表明 lnCPI、lnGDP、$\ln M_1$、lnSZZS 和 lnRR 之间存在 2 个协整向量。由于前面建立的模型主要是 VAR 模型，不涉及协整向量的选择，所以只需证明存在协整关系即可。

表 7-5　lnCPI、lnGDP、$\ln M_1$、lnSZZS 和 lnRR 序列协整检验结果

原假设	Eigenvalue	迹检验			特征根检验		
		迹统计量	5%临界值	P值	最大特征根	5%临界值	P值
None	0.2599	89.6019	69.81889	0.0006**	35.22466	33.876	0.0343**
At most 1	0.2278	54.3773	47.85613	0.0108**	30.25187	27.584	0.0222**
At most 2	0.1024	24.1254	29.79707	0.1952	12.64691	21.131	0.4852
At most 3	0.0908	11.4785	15.49471	0.1837	11.13966	14.264	0.1474
At most 4	0.0028	0.33889	3.841466	0.5605	0.338899	3.8414	0.5605

注：加 ** 表示在 5% 的显著性水平下拒绝原假设。

二、Granger 因果关系检验

表 7-6 给出了 2001 年 1 月—2011 年 6 月通货膨胀率、国内生产总值、利率和 M_1 是否对上证综指有影响的 Granger 因果关系检验结果，滞后阶数为 10。从表 7-6 中我们可以看出，这一时期，国内生产总值不是上证综指的 Granger 原因的概率仅为 91.92%，而通货膨胀率、利率和 M_1 不是上证综指 Granger 原因的概率分别为 40.06%、24.46% 和 82.84%，都大于 5%，这说明只有国内生产总值是影响上证指数的原因，而通货膨胀率、利率和 M_1 都不会对股票指数的变动产生影响。

表 7-6　M_1 与其他变量的 Granger 因果关系检验结果

序号	Null Hypothesis	Obs	F-Statistic	Prob.	结论
1	GDP does not Granger Cause SZZS	123	0.08427	0.9192	接受零假设
2	CPI does not Granger Cause SZZS	123	0.92183	0.4006	接受零假设
3	RR does not Granger Cause SZZS	123	1.42509	0.2446	接受零假设
4	M_1 does not Granger Cause SZZS	123	0.18850	0.8284	接受零假设

三、脉冲响应函数

下面利用脉冲响应函数分析 CPI、GDP、RR 和 M_1 的变动对股票价格指数的影响。

图 7-3 中，CPI 表示通货膨胀率，GDP 表示国内生产总值，RR 表示利率，M_1 表示流通中的现金，SZZS 表示股票价

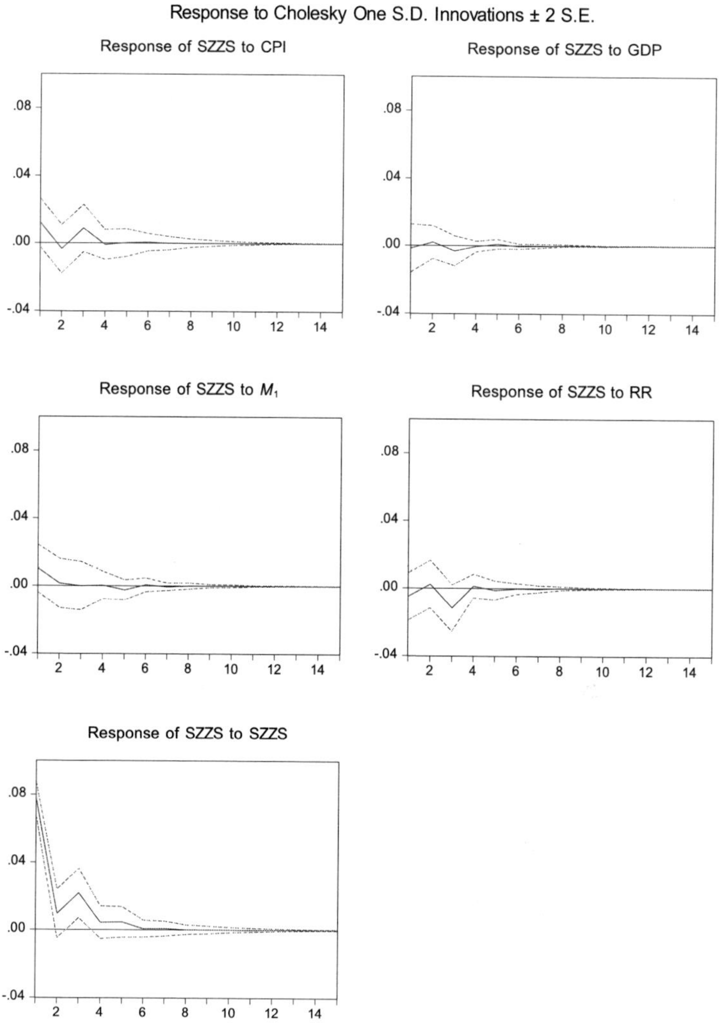
Response to Cholesky One S.D. Innovations ± 2 S.E.
Response of SZZS to CPI
Response of SZZS to GDP
Response of SZZS to M_1
Response of SZZS to RR
Response of SZZS to SZZS
.08
.04
.00
-.04
2
4
6
8
10
12
14

图 7-3 lnSZZS 对 lnCPI、lnGDP、lnM_1 和 lnRR 的脉冲响应函数图

格指数。样本区间为2001年1月—2011年6月，利用SIC和AC最小的原则，建立了5个变量的VAR模型，下面分别给CPI、GDP、RR、M_1和SZZS一个冲击，从而得到上证指数变动的脉冲响应函数图。在下列各图中，横轴表示冲击作用的滞后期间数（单位：月度），纵轴表示上证指数的响应，实线表示脉冲响应函数，代表了上证指数对CPI、GDP、RR、M_1和SZZS的冲击的反应，虚线表示正负两倍标准差偏离带。

从图7-3可以看出，当本期给M_1一个正的冲击后，上证指数开始下降并在第2期降为0，并在此后几乎都为0，这表明M_1对股票价格指数在前两期内有负向的影响，而且这种影响非常小。

四、方差分解

表7-7给出了通货膨胀率、国内生产总值、M_1和利率对股票价格变动的贡献程度。从表7-7可以看出，除了股票价格自身的贡献之外，通货膨胀率对股票价格变动的贡献在第4期达到了最大的3.3%，利率的贡献在第7期达到最大的2.4%，GDP的贡献最大为0.25%，而M_1的贡献只在第2期达到了最大的1.66%，此后基本稳定在1.58%。

综上所述，协整检验、Granger因果关系检验、脉冲响应函数和方差分解的结果表明，在样本期内，M_1对股票价格变动没有显著的影响。

表 7-7　CPI、GDP、M_1 和 RR 对 SZZS 变动的贡献率　　单位：%

SZZS 的方差分解结果					
Period	S.E.	CPI	GDP	RR	SZZS	M_1
1	0.003657	2.300280	0.043338	0.391406	95.60865	1.656323
2	0.003928	2.449493	0.105179	0.475484	95.30856	1.661284
3	0.004113	3.295924	0.233826	2.372555	92.59938	1.498320
4	0.004206	3.296974	0.237745	2.387802	92.58269	1.494794
5	0.004262	3.284379	0.249171	2.397980	92.49701	1.571463
6	0.004283	3.287769	0.252363	2.398455	92.48502	1.576398
7	0.004294	3.287303	0.252932	2.400005	92.47946	1.580305
8	0.004299	3.287313	0.253305	2.400050	92.47904	1.580293
9	0.004301	3.287314	0.253338	2.400081	92.47896	1.580311
10	0.004302	3.287318	0.253474	2.400089	92.47880	1.580320
11	0.004302	3.287321	0.253478	2.400092	92.47879	1.580320
12	0.004302	3.287326	0.253497	2.400094	92.47876	1.580322
13	0.004303	3.287326	0.253501	2.400098	92.47875	1.580323
14	0.004303	3.287326	0.253503	2.400098	92.47875	1.580323
15	0.004303	3.287326	0.253505	2.400099	92.47875	1.580324

第五节 M_2 对股价指数影响的实证分析

在对 M_2 与股票价格关系的深入研究中，我们发现，M_2 的变化对股票价格的影响具有一定的时滞性。通过脉冲响应函数分析，我们发现 M_2 的冲击对股票价格的影响在短期内可能并不明显，但随着时间的推移，这种影响会逐渐显现并达到峰值，然后逐渐减弱。这种时滞现象可能与 M_2 的构成成分较为复杂有关，包括定期存款、储蓄存款等，这些成分对市场流动性的反应相对较慢。此外，我们还对 M_2 与股票价格之间的动态相关性进行了分析，发现两者的相关性在不同的经济周期阶段存在显著差异。在经济扩张期，M_2 与股票价格的相关性较高，而在经济衰退期，这种相关性则有所下降。这可能与经济周期对市场信心和投资行为的影响有关。

一、Johansen 协整检验

表 7-8 给出了对 lnCPI、lnGDP、lnM_2、lnSZZS 和 lnRR 进行 Johansen 序列协整检验的结果。结果表明，lnCPI、lnGDP、lnM_2、lnSZZS 和 lnRR 之间存在 2 个协整向量。由于前面建立的模型主要是 VAR 模型，不涉及协整向量的选择，所以只需证明存在协整关系即可。

表 7-8　lnCPI、lnGDP、lnM_2、lnSZZS 和 lnRR 序列协整检验结果

原假设	Eigenvalue	迹检验			特征根检验		
		迹统计量	5%临界值	P值	最大特征根	5%临界值	P值
None	0.381228	118.4813	69.81889	0.0000**	56.16211	33.87687	0.0000**
At most 1	0.258323	62.31919	47.85613	0.0013**	34.96446	27.58434	0.0047**
At most 2	0.140626	27.35473	29.79707	0.0932	17.73144	21.13162	0.1402
At most 3	0.075842	9.623294	15.49471	0.3108	9.228050	14.26460	0.2677
At most 4	0.003372	0.395244	3.841466	0.5296	0.395244	3.841466	0.5296

注：加 ** 表示在 5% 的显著性水平下拒绝原假设。

二、Granger 因果关系检验

表 7-9 给出了 2001 年 1 月—2011 年 6 月通货膨胀率、国内生产总值、利率和 M_2 是否对上证综指有影响的 Granger 因果关系检验结果。从表 7-9 我们可以看出，这一时期，国内生产总值不是上证综指变动的 Granger 原因的概率只有 91.92%，而通货膨胀率、利率和 M_2 不是股价指数 Granger 原因的概率分别为 40.06%、24.46% 和 79.45%，均大于 5%，这说明 GDP 是影响股价变动的 Granger 原因，而通货膨胀率、利率和 M_2 都不是股价变动的影响因素。

表 7-9　M_2 与其他变量的 Granger 因果关系检验结果

序号	Null Hypothesis	Obs	F-Statistic	Prob.	结论
1	GDP does not Granger Cause SZZS	123	0.08427	0.9192	接受零假设

续表

序号	Null Hypothesis	Obs	F-Statistic	Prob.	结论
2	CPI does not Granger Cause SZZS	123	0.92183	0.4006	接受零假设
3	RR does not Granger Cause SZZS	123	1.42509	0.2446	接受零假设
4	M_2 does not Granger Cause SZZS	123	0.23044	0.7945	接受零假设

三、脉冲响应函数

下面利用脉冲响应函数分析 CPI、GDP、RR 和 M_2 的变动对股票价格指数的影响。

图 7-4 中，CPI 表示通货膨胀率，GDP 表示国内生产总值，RR 表示利率，M_2 表示广义货币，SZZS 表示股票价格指数。样本区间为 2001 年 1 月—2011 年 6 月，利用 SIC 和 AC 最小的原则，建立了 5 个变量的 VAR 模型，下面分别给 CPI、GDP、RR、M_2 和 SZZS 一个冲击，从而得到上证指数变动的脉冲响应函数图。在下列各图中，横轴表示冲击作用的滞后期间数（单位：月度），纵轴表示上证指数的响应，实线表示脉冲响应函数，代表了上证指数对 CPI、GDP、RR、M_2 和 SZZS 的冲击的反应，虚线表示正负两倍标准差偏离带。从图 7-4 中可以看出，当本期给 M_2 一个正的冲击后，上证指数开始下降并在第 2 期降为 0，并在此后几乎都为 0，这表明 M_2 对股票价格指数在前两期内有负向的影响，而且这种影响非常小。

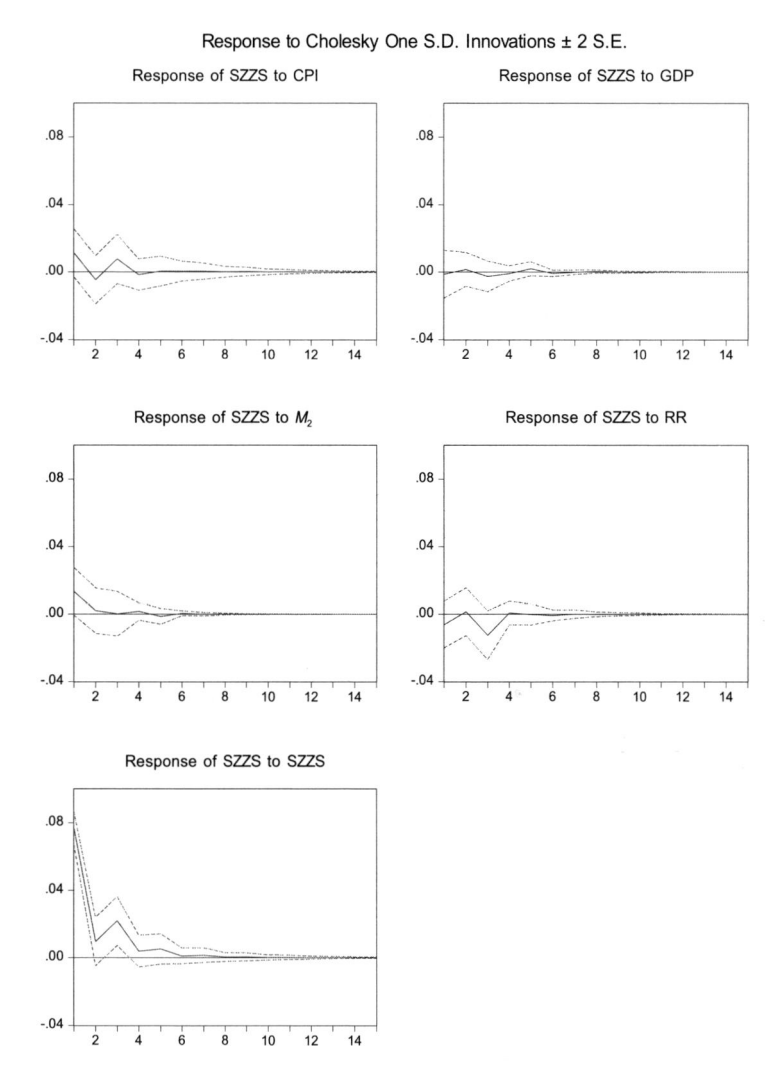

图 7-4　lnSZZS 对 lnCPI、lnGDP、lnM_2 和 lnRR 的脉冲响应函数图

四、方差分解

表 7-10 给出了通货膨胀率、国内生产总值、M_2 和利率对股票价格变动的贡献程度。从表 7-10 可以看出，除了股票价格自身的贡献外，通货膨胀率对股票价格变动的贡献在第 4 期达到最大的 2.98%，利率的贡献最大为 2.73%，GDP 的贡献最大不超过 1%，而 M_2 的最大贡献只有 2.89%。

表 7-10　CPI、GDP、M_2 和 RR 对 SZZS 变动的贡献率　　单位：%

Period	S.E.	CPI	GDP	RR	SZZS	M_2
1	0.003836	2.056028	0.030118	0.604789	94.42861	2.880459
2	0.003926	2.358281	0.063758	0.625192	94.06321	2.889557
3	0.004169	2.949661	0.155990	2.732257	91.55525	2.606838
4	0.004216	2.976235	0.168373	2.731398	91.48838	2.635615
5	0.004280	2.965484	0.217770	2.719793	91.44756	2.649391
6	0.004292	2.967359	0.226857	2.725636	91.42817	2.651974
7	0.004306	2.968896	0.227288	2.724716	91.42803	2.651068
8	0.004310	2.968831	0.228855	2.724803	91.42654	2.650975
9	0.004313	2.969569	0.228856	2.724725	91.42599	2.650863
10	0.004314	2.969555	0.229086	2.724829	91.42568	2.650849
11	0.004315	2.969703	0.229158	2.724849	91.42546	2.650832
12	0.004315	2.969733	0.229169	2.724847	91.42542	2.650835
13	0.004315	2.969737	0.229183	2.724864	91.42538	2.650834

续表

| \multicolumn{7}{c|}{SZZS 的方差分解结果} |
Period	S.E.	CPI	GDP	RR	SZZS	M_2
14	0.004316	2.969744	0.229183	2.724864	91.42538	2.650834
15	0.004316	2.969752	0.229187	2.724865	91.42536	2.650833

综上所述，协整检验、Granger 因果关系检验、脉冲响应函数和方差分解的结果表明，在样本期内，M_2 对股票价格变动没有显著的影响。

这些实证结果与理论预期明显相悖，即货币供应量的增加会使股票价格上涨，造成这种结果的可能的原因如下。

（1）居民手持现金量的持续增加。自改革开放以来，随着我国经济的快速增长，企业和居民的收入水平不断增加。在金融市场不发达和信息技术比较落后的情况下，为了保证日常消费和预防意外事故的发生以及投资的需要，企业和居民更愿意持有现金。但是，随着信息技术的进步和金融市场的发展，这种习惯正在发生变化。现在，越来越多的居民和企业更愿意以银行卡和支票等方式持有现金，因为这种方式更为安全也更为方便。但是，由于我国是一个农业大国，农村居民仍占多数，农村金融市场仍不发达，我国多数居民和企业对现金的依赖度仍然很高，尤其是广大农村居民的日常消费基本以现金为主要支付手段，随着市场经济的发展和各种商品交易规模的扩大,厂商和个人都持有大量现金。[①]见表7-11,2001—2010年,我国M_0持续保持稳定增长趋势。M_0由2001年的15688.8亿元增加到了2010年的44628.17亿元,除2001年和2004年以外,M_0的年度同比增长率都保持在10%以上,其中2010年达到了16.69%。另外,自我国股票市场建立以来,"熊市"多而"牛市"少,加之缺乏其他有效的投资渠道和实际利率下降,居民和企业持有现金的机会成本减少,居民出于流动性偏好,愿意持有更多的现金资产,而不愿意投资于股票市场。

表7-11 2001—2010年中国M_0变化

年份	期末余额(亿元)	同比增长率(%)
2001年	15688.8	7.1
2002年	17278.03	10.13
2003年	19745.99	14.3
2004年	21468.3	8.7
2005年	24031.67	11.94
2006年	27072.62	12.65
2007年	30334.32	12.05
2008年	34218.96	12.65
2009年	38246.97	11.77
2010年	44628.17	16.69

数据来源:Wind资讯。

[①] 裴平、熊鹏:《中国货币政策传导研究》,中国金融出版社,2009,第97页。

(2)地下经济的发展。地下经济一般是指逃避政府的管制、税收和监察,未向政府申报和纳税,其产值和收入未纳入国内生产总值的所有经济活动。地下经济活动几乎涵盖了生产、流通、分配和消费等各个经济环节,是当前世界各国普遍存在的经济现象。

近年来,随着中国经济的持续增长,地下经济活动在中国的表现十分活跃,涉及越来越多的领域,如地下钱庄的非法活动、黑市交易、走私贩毒、偷税漏税和网络犯罪等。地下经济规模的不断扩大必然导致地下经济占款规模的扩大。我国学者对地下经济进行了深入的研究,得出地下经济的规模相当可观的结论。根据夏南新的研究[1],1995—2001年,我国未入账收入占GDP的比例分别为16.7%、15.2%、12.6%、15%、11.6%、11.5%和13.3%;根据解梁秋的估计[2],2000—2005年,我国地下经济的产值分别为7013.2亿元、5738.2亿元、8005.6亿元、11385.8亿元、11152.4亿元和8655.9亿元;徐正云也估计了我国地下经济占国内生产总值的比例[3],根据他的估计,2000—2006年,我国地下经济占国内总产值的比例分别

---

[1] 夏南新:《税收诱致性现金持有量模型因果性检验及对我国地下经济规模的估测》,《统计研究》2004年第3期。
[2] 解梁秋:《我国地下经济规模估计及对宏观经济的影响研究》,博士学位论文,吉林大学,2008,第59页。
[3] 徐正云:《我国地下经济规模测量研究》,《武汉理工大学学报》2009年6月。

为 14.67%、14.75%、15.39%、15.99%、16.815%、18.19% 和 19.42%。

（3）股票市场过度扩容。我国股票市场正式建立于1990年年末，其建立的最初目的是帮助国有企业解决融资困难，这就决定了我国股票市场的主要功能是融资，从而忽略了股票市场的投资功能。因此，自股票市场建立以来，每年都有许多企业在股票市场上公开上市，上市公司数和股票筹资额也因此大幅上涨。见表7-12，截至2010年年底，我国共有上市公司2063家，2010年企业在股票市场上的筹资额突破了一万亿大关。由于股票供给过度增加以及我国股票市场"熊市"多于"牛市"，投资者对股票的需求没有增加，股票供给的增加和股票需求的减少造成货币供应量的增加并没有使股票价格上涨。

表7-12 我国上市公司历年股票发行量、上市公司数以及筹资额概况

年份	股票发行量合计（亿股）	境内上市公司数（家）	股票筹资额合计（亿元）
1991年	5	14	5
1992年	20.75	53	94.09
1993年	95.79	183	375.47
1994年	91.26	291	326.78
1995年	31.6	323	150.32
1996年	86.11	530	425.08
1997年	267.63	745	1293.82

续表

年份	股票发行量合计（亿股）	境内上市公司数（家）	股票筹资额合计（亿元）
1998年	109.06	851	841.52
1999年	122.93	949	944.56
2000年	512.04	1088	2103.24
2001年	141.48	1160	1252.34
2002年	291.74	1224	961.75
2003年	281.43	1287	1357.75
2004年	227.92	1377	1510.94
2005年	567.05	1381	1882.51
2006年	1287.77	1434	5594.29
2007年	637.24	1550	8680.17
2008年	180.29	1625	3852.21
2009年	415.96	1718	6124.69
2010年	928.37	2063	11971.93

数据来源：Wind资讯。

（4）债券、期货和房地产市场的迅速发展。在我国股票市场迅速发展的同时，债券、期货以及房地产等市场也得到了快速发展。这些市场的发展也吸引了大批资金的进入。从表7-13可以看出，债券、期货和房地产历年成交额之和都大大超过了股票市场成交额。因此，虽然我国货币供应量历年保持高速增长态势，但是由于这些市场的快速发展，大量资金并没有进入股票市场，货币供应量与股票价格的相关关系不显著也就不足为奇了。

表7-13 2001—2010年我国债券、期货、股票和房地产市场成交额 单位：亿元

年份	债券交易所成交额	期货成交额	股票成交额	房地产企业商品房销售收入
2001年	20417.76	30144.98	38305	4729.42
2002年	33249.53	39490.28	27990	6145.8
2003年	62136.36	108396.59	32115	8153.69
2004年	50323.5	146935.32	42334	11752.2
2005年	28367.85	134463.38	31665	13316.77
2006年	18279.32	210063.37	90469	16621.36
2007年	20667.21	409740.77	460556	21604.21
2008年	28601.49	719173.33	267113	24394.12
2009年	40635.06	1305142.92	535987	32507.83
2010年	76206	2959480.02	545634	40585.33

资料来源：Wind资讯。

（5）间接融资仍然是我国金融体系的主要特征。虽然我国股票市场经过多年的发展，已经成为企业直接融资的重要场所之一，但是总体而言，我国仍然是以银行业为主导的间接融资体系，因此银行业在货币政策传导过程中发挥着重要作用。从表7-14我们可以看出，尽管2001—2010年我国金融机构存款余额和贷款余额都不断增加，但是无论从规模还是从存贷款余额增长率来看，存款规模都大于贷款规模，长此以往使得大

量货币资金沉淀于银行体系，银行体系成了一个巨大的蓄水池。银行放款数量却没有明显增加，其中一部分还在厂商和个人手中"空转"一圈，又以存款的形式回到银行。

自 2001 年以来，中国金融机构存款一直保持高速增长的趋势，居民储蓄呈现出储蓄率高、增长速度快、余额巨大的特点。从表 7-14 可见，中国金融机构各项存款余额自 2001 年以来一直呈明显上升态势，截至 2010 年年末，已达 718237.93 亿元，年平均增长率为 19.26%；而在同一时期，截至 2010 年年末，金融机构各项贷款余额虽然已经达到 479195.55 亿元，年平均增长率达到 17.76%，但仍然赶不上存款的增长速度，因此，有 20 多万亿元沉淀在银行系统中。银行体系不但吸入了宽松货币政策所形成的货币供给增量，甚至还吸入了已存在于流通中的货币存量。大量货币沉淀在"蓄水池"中，不仅会增加银行的成本和风险，而且会加剧货币政策传导过程中的货币渗漏效应。

表 7-14　2001—2010 年金融机构存贷款变动

项目年份	存款余额（亿元）	存款余额增长率（%）	贷款余额（亿元）	贷款余额增长率（%）
2001 年	143617.17	16	112314.7	11.6
2002 年	170917.4	18.9	131293.93	15.8
2003 年	208055.59	21.7	158996.23	21.1
2004 年	240525.07	16	177363.49	14.5

续表

项目年份	存款余额（亿元）	存款余额增长率（%）	贷款余额（亿元）	贷款余额增长率（%）
2005 年	287169.52	18.95	194690.39	12.98
2006 年	335434.1	16.82	225285.28	15.07
2007 年	389371.15	16.07	261690.88	16.1
2008 年	466203.32	19.73	303394.64	18.76
2009 年	597741.1	28.21	399684.82	31.74
2010 年	718237.93	20.2	479195.55	19.9

数据来源：Wind 资讯。

第六节 小结

本章借助 VAR 模型，将股票价格指数与货币政策的中介目标、货币供应量、利率、通货膨胀率同经济增长联系起来，通过 Johansen 协整检验、Granger 因果关系检验、脉冲响应函数和方差分解，分别研究了 2000 年 1 月—2011 年 6 月 M_0、M_1 及 M_2 对股票价格指数的影响，结果表明 M_0、M_1 和 M_2 对股票价格的影响都不显著。造成这种结果的原因可能与我国居民的消费习惯，地下经济的发展，股票市场过度扩容，债券、期货和房地产市场的迅速发展，以及我国金融体系的主要特征有关。

综上所述，货币供应量对股票价格的影响是一个复杂且多维度的经济现象，其传导机制受到多种因素的制约和调节。从货币供应量的不同层次来看，M_0、M_1和M_2对股票价格的影响在短期和长期内表现出不同的特征和规律。M_0对股票价格的影响较为直接但持续性较弱，M_1的影响则与企业的短期资金流动性密切相关且可能存在双向因果关系，而M_2的影响则具有一定的时滞性且在不同经济周期阶段表现出差异。这些发现对投资者和货币政策制定者都具有重要的启示。投资者在进行资产配置时，应充分考虑货币供应量的变化及其不同层次的影响特点，以制定更加合理的投资策略。货币政策制定者则应加强对货币供应量与股票市场关系的监测和分析，以便更加精准地制定和实施货币政策，维护金融市场的稳定和经济的健康发展。

第八章　开放经济条件下货币政策对股票价格的影响研究

我国自 1978 年实行改革开放以来，对外开放不断扩大，经济外向型水平不断提高，尤其自 2001 年我国加入 WTO，以及自 2005 年 7 月 21 日开始实行以市场供求为基础、参考一篮子货币进行调节、有管理的浮动汇率制度后，中国与世界的经济联系变得更为紧密。蒙代尔-弗莱明模型表明，在开放经济条件下，一国的货币政策会对他国产生影响。美国作为全球头号经济强国，其货币政策的变化对全球金融市场有着重要的影响，因此美联储的一举一动备受各国投资者的关注。在此背景下，我国股票市场价格不仅受国内货币政策的影响，而且还有可能受到美联储货币政策的影响。本节采用施加了短期约束的结构式向量自回归（SVAR）模型，研究了开放经济条件下货币政策对中国股票价格的影响。

第一节 引言

开放经济条件下，货币政策对股票价格的影响不仅受到国内经济因素的制约，还受到国际经济环境的深刻影响。随着经济全球化的加速推进，各国经济之间的相互依存度日益提高，货币政策的跨境传导效应愈发显著。一方面，国际资本流动的规模和速度不断增加，使得股票市场更容易受到外部货币政策冲击的影响。例如，美联储的加息政策可能导致国际资本从新兴市场国家回流美国，从而对这些国家的股票市场造成下跌压力。另一方面，汇率波动也对股票价格产生重要影响。在浮动汇率制度下，货币政策的调整往往会引起汇率的变动，进而影响企业的盈利能力和市场预期，最终反映在股票价格上。此外，开放经济条件下，货币政策的传导机制更加复杂多元。除了传统的利率渠道、信贷渠道和资产价格渠道外，汇率渠道和国际贸易渠道也在货币政策传导中发挥着重要作用。这些渠道相互交织、相互作用，使得货币政策对股票价格的影响更加难以预测和把握。

股票市场对货币政策的变动十分敏感，但是这种敏感性在不同国家、不同的经济开放程度下应该有不同的表现。本书采用施加了短期约束的结构式向量自回归模型，就开放经济条件下中国股票价格对货币政策的反应进行了实证研究。我们认为对这一问题进行深入研究，对投资者和货币政策当局都有十分重要的意义。对于投资者而言，对这一问题进行研究意味着他们是否可以根据央行货币政策的变动在股票市场上获取超额收益；对于央行而言，意味着货币政策是否会经由股票市场传导，如果经由股票市场传导，传导的效率如何。另外，针对近年来学术界就是否应该将资产价格纳入货币政策目标的争论，本书的研究也有助于回答这一问题。

在影响股票价格的所有因素之中，中央银行的货币政策无疑是重要因素之一，因此在金融市场上受到各类投资者的广泛关注。根据股利贴现模型（DDM），股票的价值等于该股票未来一系列现金流的贴现值之和。用公式表示如下：

$$P_0 = \frac{D_1}{(1+k_e)^1} + \frac{D_2}{(1+k_e)^2} + \cdots + \frac{D_n}{(1+k_e)^n} + \frac{P_n}{(1+k_e)^n} \quad (8.1)$$

其中，P_0 表示当前的股票价格，P_n 表示 n 期股票的价格，D_n 表示 n 期该股票的股利，k_e 表示股票投资的贴现率。在式（8.1）中，如果 n 趋于无穷大，那么 $P_n/(1+k_e)^n$ 就会趋于 0，因此上式可写为：

$$P_0 = \sum_{n=1}^{\infty} \frac{D_n}{(1+k_e)^n} = \sum_{t=0}^{\infty} \frac{D_0(1+g_n)^n}{(1+i_n+r_n)^n} \quad (8.2)$$

其中，D_0 是当前的股利水平，g_n 是 n 时期的股利增长率，股票投资贴现率 k_e 等于无风险利率 i_n 和风险溢价 r_n 之和。根据式（8.2），利率的变动可以通过两种渠道影响股票价格。第一种，当中央银行调低利率时，债券（股票的替代性资产）的回报率下跌，在股票投资中，投资者愿意接受的回报率随之降低，式（8.2）的分母变小，导致股票价格 P_0 以及股票未来价格的上升。第二种，利率降低可能会刺激经济增长，因此股利增长率 g_n 可能会上升，从而导致式（8.2）的分子增加，因此引起股票价格 P_0 以及股票未来价格的上升。相反，当中央银行调高利率时，债券（股票的替代性资产）的回报率上升，在股票投资中，投资者愿意接受的回报率随之上升，式（8.2）的分母变大，导致股票价格 P_0 以及股票未来价格的下降；同时利率上升可能会使经济增长率下降，因此股利增长率 g_n 可能会下降，从而导致式（8.2）的分子减小，因此引起股票价格 P_0 以及股票未来价格的下降。

在开放经济条件和浮动汇率制度下，蒙代尔-弗莱明模型表明，各国货币政策会在国际传导，因此一国货币政策的变化会对其他国家产生影响。美国作为当今世界头号经济大国，在全球经济中占有重要地位，美联储货币政策的变动受到各国投资者的广泛关注。吴宏、刘威的研究表明，美国的货币政策会影响包括中国在内的各国的产出水平、进出口和物价，其中对各国物价的影响还具有同期效应。[①] 我国自 1978 年实行改

---

① 吴宏、刘威：《美国货币政策的国际传递效应及其影响的实证研究》，《数量经济技术经济研究》2009 年第 6 期。

革开放以来，对外开放不断扩大，经济外向型水平不断提高，尤其自 2001 年我国加入 WTO，以及自 2005 年 7 月 21 日开始实行以市场供求为基础、参考一篮子货币进行调节、有管理的浮动汇率制度后，中国与世界的经济联系变得更为紧密。在此背景下，我国股票市场价格不仅受国内货币政策的影响，而且还有可能受到美联储货币政策的影响。因此，在开放经济条件下就货币政策对股票价格的影响进行研究，对于各类投资者和央行而言都具有十分重要的意义。

第二节　文献综述

近年来，随着全球经济一体化的不断深入，关于开放经济条件下货币政策对股票价格影响的研究日益丰富。国外研究发现，汇率波动和国际资本流动是货币政策影响股票价格的重要传导渠道，且其影响程度与经济开放程度和金融市场的发达程度相关。国内学者利用 VAR 模型实证检验了中国股票市场对美国货币政策的敏感性，发现美国货币政策的变动对中国股票市场的短期波动具有显著影响，但长期影响相对较弱。此外，还有学者关注到货币政策与股票市场之间的非线性关系，指出在不同的经济周期阶段，货币政策对股票价格的影响机制和效果存在显著差异。例如，在经济衰退期，货币政策的宽松效应可能更为明显，而在经济繁荣期，货币政策的紧缩效应则更为突出。

国外许多研究表明，货币政策会显著影响股票价格。Thorbecke（1997）采用三种方法研究了美国货币政策对股票收益的影响：运用向量自回归模型，他发现美国联邦基金利率的变动对股票收益有显著影响；运用描述性方法（narrative approach），他发现扩张性货币政策对股票收益有显著影响；运用事件研究法，他发现美国联邦基金利率变动与股票价格之间存在统计上显著的负相关关系。Patelis（1997）运用长期回归模型和向量自回归模型研究了美国货币政策对股票收益的影响，结果发现货币政策有助于预测股票收益。Park & Ratti（2000）采用向量自回归模型，研究了美联储货币政策对股票价格的影响，他们发现紧缩性货币政策会使股票价格下降。

Lastrape 采用向量自回归模型，估计了七国集团和荷兰的利率和股票价格对货币供应量变动的短期反应。结果发现除法国和英国外，在其他 6 个国家，货币供应量变动对实际股票价格都会产生正向的显著影响，而在法国和英国，这种影响也是正的，但并不显著。Bernanke & Kuttner（2005）采用事件研究法，研究了美联储货币政策变动对股票价格的影响，结果发现联邦基金利率每下降 25 个基点，股票价格指数会上涨 1%。运用 Campell & Ammer 的方法，他们发现，未预期的货币政策变动可以解释股票价格的反应。He（2006）的研究也表明，货币政策对股票价格有显著影响。Farka（2009）研究了美国联邦基金利率的变动对标准普尔500指数的影响，结果表明货币政策对股票价格的影响是非常明显的。Wongswan（2009）采用高频数据，研究了美国货币政策宣告对亚洲、欧洲和拉丁美洲15个国家股票价格的影响，结果表明外国股票价格指数对美国货币政策宣告在短期内有显著反应，从而表明美国货币政策是影响全球股票市场的风险因素之一。

上述研究成果采用不同的方法检验了货币政策对股票价格的影响，大部分都得出了肯定的结论，但是这些研究，尤其是对中国股票市场价格的研究几乎都是在封闭经济条件下进行的，而在开放经济条件下，就货币政策对股票价格的影响还鲜有研究成果，本书正是对这一问题的尝试。

第三节　数据与模型选择

在开放经济条件下研究货币政策对股票价格的影响，需要综合考虑多方面的因素和变量。除了货币政策工具（如利率、货币供应量等）和股票价格指数外，还需纳入汇率、国际资本流动等相关变量，以更全面地捕捉货币政策的跨境传导效应。在数据的选取和处理上，应确保数据的时效性和准确性，尽量采用高频数据以捕捉市场的短期波动，同时结合低频数据进行长期趋势分析。在模型构建方面，SVAR 模型能够有效处理变量之间的内生性和同期相关性问题，但在实际应用中还存在一些局限性，如模型的识别假设可能与实际情况存在偏差。因此，在运用 SVAR 模型时，需要对模型的假设进行严格的检验和验证，确保模型的合理性和可靠性。此外，还可以结合其他计量经济学方法，如格兰杰因果检验、协整检验等，对 SVAR 模型的结果进行补充和验证，以增强研究结论的稳健性。

一、变量选择与数据处理

虽然本书的主要目的在于研究货币政策对股票价格的影响，但是我们仍然要在一个一般均衡的宏观经济模型之中对此问题进行分析。本书采用结构式向量自回归模型研究货币政策对股票价格的影响。结构式向量自回归模型中有 7 个变量：实际产出、价格水平、货币供应量、银行间同业拆借利率、人民币实际有效汇率、美国联邦基金利率和股票价格指数。

（1）实际产出（记作 Y）。实际产出是影响市场利率的重要宏观经济变量，与利率之间存在着间接的传导关系，因此需要将实际产出放入 SVAR 模型之中进行分析。本书选择实际 GDP 作为实际产出的代理变量。由于我国只发布名义季度

GDP数据，本书采用插值法对季度数据进行处理，从而得到了名义月度GDP数据，在此基础上再求实际GDP，其计算公式为实际GDP=名义GDP/CPI。

（2）价格水平（记作P）。我国国内度量价格水平的常用方法有两种，即消费者价格指数（CPI）和商品零售价格指数（RPI），其主要的区别在于消费者价格指数将服务价格计算在内[①]，因此本书选取消费者价格指数作为价格水平的代理变量。本书以2000年12月为基期（=1），将其后各月的环比消费者价格指数连乘，从而得到各月的定基消费价格指数。

（3）货币供应量（记作M_2）。货币供应量是单位和居民个人在银行的各项存款和手持现金之和，其变化反映中央银行货币政策的变化，对企业生产经营、金融市场尤其是证券市场的运行和居民个人的投资行为有重大的影响。中国人民银行按照流动性的大小将货币供应量划分为M_0、M_1和M_2三个层次。自2001年6月起，我国将证券公司客户保证金计入了M_2，因此本书选取M_2作为货币供应量的代理变量。

（4）银行间同业拆借利率（记作R）。就我国而言，银行存贷款利率还未完全市场化，国债的市场化发行机制虽然已经建立，但其规模不大，因此尚无法作为基准利率。不过，我国银

---

① 赵进文、高辉:《资产价格波动对中国货币政策的影响》，第102页。

行间同业拆借利率自1984年建立以来取得了长足的发展,已经成为完全市场化的利率,能够基本反映货币市场的资金供求状况,因此本书选择银行间7天内同业拆借加权平均利率作为利率的代理变量。

(5)人民币实际有效汇率(记作 EX)。汇率是一国货币兑换另一国货币的比率,是以一种货币表示另一种货币的价格。汇率的变动会对一国进出口、物价以及资本流动等产生重要影响。

(6)美国联邦基金利率(记作 FR)。联邦基金利率是美国金融市场上最受关注的基准利率之一,Bernanke & Mihov(1998)的研究表明,联邦基金利率可以很好地度量美联储的货币政策,因此本书也选择联邦基金利率来度量美联储的货币政策。

(7)股票价格指数(记作 SP)。在股票市场正式建立后的相当长一段时期内,中国一直没有编制统一的股票价格指数,直到2005年4月8日沪、深证券交易所才联合发布了反映A股市场整体走势的沪深300指数。但是经计算,2001年1月—2011年6月,中国股票市场上具有代表性的两种股票指数,即上证综指和深圳成指间的相关系数高达0.9639,这说明在样本期内,这两种股票价格指数的走势与波动十分相似,因此选择哪种股价指数对于研究结果而言不会有太大的差别,本书选取每月末上证综指的收盘价作为我国股票市场上的代表性股票价格指数。

实际产出(Y)、价格水平(P)、货币供应量(M_2)、银行间同业拆借利率(R)和股票价格指数(SP)数据都来源于中经网统计数据库,而美国联邦基金利率(FR)数据则来源于美联储网站,人民币实际有效汇率指数(E)来源于国际清算银行(BIS)网站。本书采用 Census X12 季节调整方法对模型中的 7 个时间序列变量进行了季节调整,在此基础上,为了消除异方差的影响,我们对除我国银行间同业拆借利率和美国联邦基金利率外的其他 5 个变量均取自然对数。由于我国自 2005 年 7 月 21 日开始实施有管理的浮动汇率制度,本书的数据范围为 2005 年 8 月—2011 年 6 月,所有数据的处理及结构式向量自回归模型的分析都采用 Eviews6.0 软件。本书采用国际清算银行的人民币实际有效汇率指数作为人民币兑外币汇率的代理变量。

二、结构式向量自回归模型建立及其识别

(1)模型建立。1980 年 Sims 首先将向量自回归模型用于经济研究之中,向量自回归模型的运用推动了经济系统动态性分析的发展,但是该模型的缺陷在于,它并没有给出变量之间当期相关关系的确切形式,而是将这些当期相关关系隐藏在误差项的相关结构之中。结构式向量自回归模型恰好可以解决向量自回归模型的上述缺陷,因此本书采用 p 阶滞后向量自回归

模型 SVAR(p) 来研究货币政策对股票价格的影响，模型形式如下：

$$C_0 y_t = \Gamma_0 + \Gamma_1 y_{t-1} + \Gamma_2 y_{t-2} + \cdots + \Gamma_p y_{t-p} + u_t, \ t = 1, 2, \cdots T \quad (8.3)$$

式中，变量和参数矩阵为：

$$y_t = (Y_t P_t M_{2t} R_t EX_t FR_t SP_t)', \ C_0 = \begin{bmatrix} 1 & c_{12} & \cdots & c_{17} \\ c_{21} & 1 & \cdots & c_{27} \\ \vdots & \vdots & \vdots & \vdots \\ c_{71} & c_{72} & \cdots & 1 \end{bmatrix},$$

$$\Gamma_i = \begin{bmatrix} \gamma_{11}^i & \gamma_{12}^i & \cdots & \gamma_{17}^i \\ \gamma_{21}^i & \gamma_{22}^i & \cdots & \gamma_{27}^i \\ \vdots & \vdots & \vdots & \vdots \\ \gamma_{71}^i & \gamma_{72}^i & \cdots & \gamma_{77}^i \end{bmatrix}, \ i = 1, 2, \cdots p, \ u_t = \begin{bmatrix} u_{1t} \\ u_{2t} \\ \vdots \\ u_{7t} \end{bmatrix}$$

$u_{1t}, u_{2t}, \cdots, u_{7t}$ 分别是作用在实际产出、物价水平、货币供应量、同业拆借利率、人民币兑美元汇率、美国联邦基金利率和股票价格指数上的结构式冲击。u_t 是协方差为单位矩阵的白噪声向量，即 $u_t \sim VWN(0, I_n)$。

如果 C_0 是可逆的，则可以将结构式方程转化为简化式方程：

$$y_t = C_0^{-1}\Gamma_0 + C_0^{-1}\Gamma_1 y_{t-1} + C_0^{-1}\Gamma_2 y_{t-2} + \cdots + C_0^{-1}\Gamma_p y_{t-p} + C_0^{-1} u_t \quad (8.4)$$

令 $\varepsilon_t = C_0^{-1} u_t$，则方程（8.4）可写为：

$$y_t = C_0^{-1}\Gamma_0 + C_0^{-1}\Gamma_1 y_{t-1} + C_0^{-1}\Gamma_2 y_{t-2} + \cdots + C_0^{-1}\Gamma_p y_{t-p} + \varepsilon_t \quad (8.5)$$

由此可见，简化式扰动项 ε_t 是结构式扰动项 u_t 的线性组合，它代表一种复合冲击。

（2）模型识别。为了得到方程（8.5）唯一的估计参数，需要对 C_0^{-1} 施加 $k(k-1)/2$（k 为变量个数）个约束条件，由于有 7 个变量，需要对方程（8.5）施加 21 个约束条件才能识别出结构式冲击。学术界对结构式向量自回归模型施加约束的常用方法有两种，即施加长期约束的结构式向量自回归模型（Blanchard & Quah，1989）和施加了短期（同期）约束的结构式向量自回归模型（Bernanke & Sims，1986）。本书选择对结构式向量自回归模型施加短期约束来研究货币政策对股票价格的影响，这是因为短期约束允许研究者根据相关经济理论对模型施加约束。

本书根据经济学相关原理和我国经济运行的实际状况分别对 7 个变量作出如下的假设。

（1）实际产出冲击（u_Y）。由于实际产出受生产力发展水平、技术水平、整个社会的就业水平以及资本存量等因素的影响，而资本存量受利率等因素的影响，在开放经济条件下，实际产出可以表示为同期我国银行间同业拆借利率和美国联邦基金利率以及方程中所有变量的滞后值的函数。这样，我们得到实际产出方程：

$$Y_t = c_{10} + c_{14}R_t + c_{16}FR_t + f_1(y_{t-p}) + \varepsilon_Y \quad (8.6)$$

（2）通货膨胀冲击（u_P）。通货膨胀冲击反映财政政策、工资上涨等外生需求因素的影响。因此,我们设定物价水平受国内实际产出、汇率、利率以及方程中所有变量的滞后值影响。价格方程为:

$$P_t = c_{20} + c_{21}Y_t + c_{24}R_t + c_{25}EX_t + f_2(y_{t-p}) + \varepsilon_p \qquad (8.7)$$

(3)货币供应量冲击(u_M)。对货币市场均衡的冲击源于货币流通速度的外生性变动。因此,我们设定货币供应量是同期产出、价格水平、利率以及所有变量滞后值的方程,方程形式如下:

$$M_{2t} = c_{30} + c_{31}Y_t + c_{32}P_t + c_{34}R_t + f_3(y_{t-p}) + \varepsilon_{M_2} \qquad (8.8)$$

(4)货币政策冲击(u_R)。我们根据相机抉择规则来描述我国货币政策的特征。给定一组条件方差,我们可以将货币政策冲击看作货币政策工具的信息。对于我国而言,我们将银行间同业拆借利率视作货币政策工具的代理变量。这样,我们假设银行间同业拆借利率受同期货币供应量、汇率以及模型中所有变量的滞后值的影响。因此,我们得到中国货币政策冲击的模型:

$$R_t = c_{40} + c_{43}M_{2t} + c_{45}EX_t + f_4(y_{t-p}) + \varepsilon_R \qquad (8.9)$$

(5)汇率冲击(u_{EX})。我国商品的外部需求很大程度上依赖于人民币实际有效汇率。根据经济学理论,国外对中国产品需求下降将导致人民币贬值。在模型中,由于外汇市场综合了所有公开的和私有的信息,我们假定对汇率的冲击源于模型中除股票价格外所有变量的同期值以及模型中所有变量的滞后值：

$$EX_t = c_{50} + c_{51}Y_t + c_{52}P_t + c_{53}M_{2t} + c_{54}R_t + c_{56}FR_t + f_5(y_{t-p}) + \varepsilon_{EX}$$

（8.10）

（6）美国货币政策的冲击（u_{FR}）。考虑到中美两国在世界经济中的地位以及市场开放程度，我们假设中国所有的变量在同期内对美国联邦基金利率都不会产生影响。因此，美国货币政策的识别方程为：

$$FR_t = c_{60} + f_6(y_{t-1}) + \varepsilon_{FR} \quad (8.11)$$

（7）股票价格冲击（u_{SP}）。股票市场综合了所有公开和未公开的可供利用的信息，因此股票价格取决于模型中同期所有变量和模型中所有变量的滞后值的冲击：

$$SP_t = c_{70} + c_{71}Y_t + c_{72}P_t + c_{73}M_{2t} + c_{74}R_t + c_{75}EX_t + c_{76}FR_t + f_7(y_{t-p}) + \varepsilon_{SP}$$

（8.12）

下面的方程给出结构式向量自回归模型的识别约束，从下式可以看出模型是恰好识别的：

$$\begin{bmatrix} 1 & 0 & 0 & c_{14} & 0 & c_{16} & 0 \\ c_{21} & 1 & 0 & c_{24} & c_{25} & 0 & 0 \\ c_{31} & c_{32} & 1 & c_{34} & 0 & 0 & 0 \\ 0 & 0 & c_{43} & 1 & c_{45} & 0 & 0 \\ c_{51} & c_{52} & c_{53} & c_{54} & 1 & c_{56} & 0 \\ 0 & 0 & 0 & 0 & 0 & 1 & 0 \\ c_{71} & c_{72} & c_{73} & c_{74} & c_{75} & c_{76} & 1 \end{bmatrix} \times \begin{bmatrix} u_Y \\ u_P \\ u_{M_2} \\ u_R \\ u_{EX} \\ u_{FR} \\ u_{SP} \end{bmatrix} = \begin{bmatrix} \varepsilon_Y \\ \varepsilon_P \\ \varepsilon_{M_2} \\ \varepsilon_R \\ \varepsilon_{EX} \\ \varepsilon_{FR} \\ \varepsilon_{SP} \end{bmatrix}$$

第四节　实证分析

实证分析表明，开放经济条件下货币政策对股票价格的影响呈现出多维度的特征。从短期来看，货币政策的冲击往往会引起股票市场的快速反应，但这种反应具有一定的波动性和不确定性。例如，当央行实施宽松的货币政策时，股票市场可能在短期内出现上涨，但随后又因市场预期的调整或外部因素的干扰而出现回调。从长期来看，货币政策与股票价格之间的关系更加复杂，受到多种因素的综合影响。一方面，长期的货币供应量增长可能会通过促进经济增长和企业盈利提升，对股票价格产生支撑作用；另一方面，过度的货币供应量增长也可能引发通货膨胀预期，导致利率上升，从而对股票价格产生压力。此外，实证分析还发现，不同国家和地区的股票市场对货币政策的敏感性存在显著差异。发达国家的股票市场通常对货币政策的反应更为迅速和敏感，而新兴市场国家的股票市场则可能受到更多的国内因素主导，对货币政策的反应相对滞后和弱化。

一、单位根检验与模型选择

VAR 模型建模的前提条件是各时间序列数据平稳，因此我们采用 ADF 检验和 PP 检验同时对各时间序列及其一阶差分进行单位根检验。检验结果表明，各时间序列在 1% 的显著性水平下都是不平稳的，但是其一阶差分序列都是平稳序列，检验结果见表 8-1。综合 SIC 最小和模型平稳等条件，我们建立一阶滞后的 SVAR 模型。

表 8-1　各时间序列及其一阶差分序列的单位根检验结果

变量	ADF 检验	PP 检验	平稳性	变量	ADF 检验	PP 检验	平稳性
Y	−1.7581	0.3517	不平稳	△Y	−10.875***	−8.2223***	平稳
P	−0.1998	−0.0774	不平稳	△P	−3.7332***	−6.775068***	平稳
M_2	0.2788	0.1473	不平稳	△M_2	−2.7933*	−7.0456***	平稳
R	−2.2846	1.9871	不平稳	△R	−8.0967***	−9.5455***	平稳
SP	−3.2524	2.0416	不平稳	△SP	−3.7188***	−6.9878***	平稳
EX	−1.2332	−1.0339	不平稳	△EX	−6.0199***	−5.9935***	平稳
FR	−0.5666	−0.5704	不平稳	△FR	−5.2282***	−4.4683***	平稳

注：* 表示在 10% 的显著性水平下显著，*** 表示在 1% 的显著性水平下显著。ADF 检验和 PP 检验都采用包括截距项而不包括趋势项的方程形式。△ GDP、△ CPI、△ M_2、△ R、△ SP、△ EX 和△ FR 分别为原序列的一阶差分序列。

二、协整检验

表 8-1 说明，各序列都是一阶单整序列，因此我们可以对序列进行协整检验。

本书采用国内外学术界广泛采用的 Johansen 协整检验来验证模型是否存在长期均衡的协整关系，检验结果见表 8-2。

表 8-2 序列协整检验的结果

原假设	Eigenvalue	迹检验			特征根检验		
		迹统计量	5%临界值	P值	最大特征根	5%临界值	P值
None	0.59998	225.627	125.615	0.000	63.2215	46.23142	0.0004
At most 1	0.54624	162.405	95.7536	0.000	54.5234	40.07757	0.0006
At most 2	0.50902	107.882	69.8188	0.000	49.0833	33.87687	0.0004
At most 3	0.35734	58.7990	47.8561	0.003	30.5084	27.58434	0.0205
At most 4	0.24588	28.2906	29.7970	0.073	19.4728	21.13162	0.0840

由表 8-2 我们可以看出，迹检验和特征根检验都表明，序列之间存在长期均衡的协整关系。

三、脉冲响应函数分析

由于 VAR 模型是一种非理论性的模型，它无需对变量作任何先验性约束，因此在分析 VAR 模型时，往往不分析一个变量的变化对另一个变量的影响如何，而是分析当一个误差项发生变化或者模型受到某种冲击时对系统的动态响应。下面分别给各个变量一个正的冲击，采用广义脉冲方法得到关于股票价格指数的脉冲响应函数图。在下列各图中，横轴表示冲击作用的滞后期间数（单位：月度），纵轴表示股票价格指数的响应，实线表示脉冲响应函数，代表股票价格对响应变量冲击的反应，虚线表示正负两倍标准差偏离带。图 8-1 至 8-6 给出了股票价格指数对所有变量的结构冲击脉冲响应函数图。

从图 8-1 我们可以看出，给价格指数一个正的冲击后，股票价格会立刻下降，并在第 2 期达到最小值，此后这种影响逐渐减弱，到第 5 期后冲击反应便趋于零。这与理论预期相一致，即通货膨胀率与股票价格呈负相关关系。在图 8-2 中，给汇率一个正的冲击后，股票价格开始下降，并在第 2 期达到最小值，此后股票价格开始上升，直到第 6 期汇率对股票价格的冲击趋于零。在图 8-3 中，给美国货币政策一个正的冲击后，我国股票价格开始上涨，并在第 2 期达到最大值，此后开始下降，至第 7 期这种冲击基本趋于零。在图 8-4 中，给货币供应量一个正的冲击后，股票价格开始下降，直到第 6 期这种冲击趋于零。在图 8-5 中，给中国货币政策一个正的冲击后，股票价格开始上涨，并在第 2 期达到最大值，此后开始下降，至第 5 期这种冲击基本趋于零。在图 8-6 中，给实际产出一个正的冲击后，股票价格开始微涨，在第 2 期达到最大值，此后开始下降，至第 3 期冲击基本趋于零。

图 8-1 股票价格指数对价格指数冲击的响应

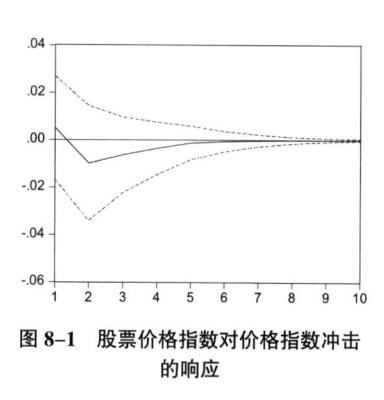

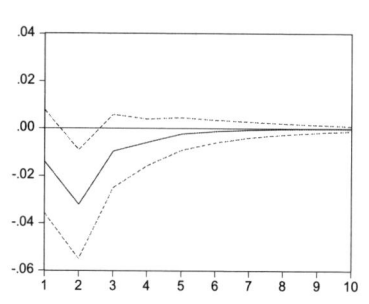

图 8-2 股票价格指数对汇率冲击的响应

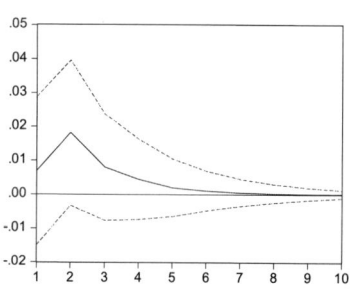

图 8-3 股票价格指数对美国货币政策冲击的响应

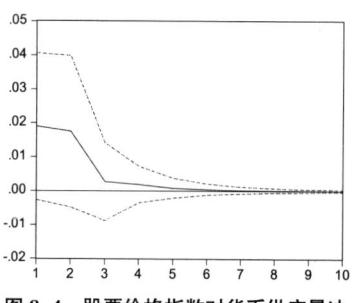

图 8-4 股票价格指数对货币供应量冲击的响应

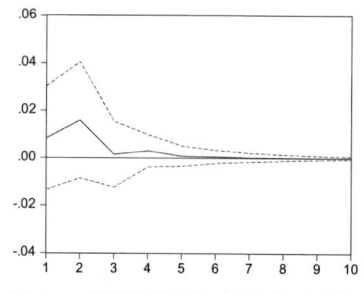

图 8-5 股票价格指数对中国货币政策冲击的响应

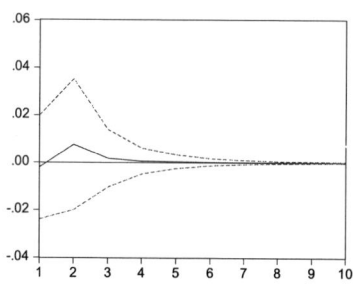

图 8-6 股票价格指数对实际产出冲击的响应

四、方差分解

脉冲响应函数描述的是 VAR 模型中一个内生变量的冲击给其他内生变量所带来的影响，而方差分解则是通过分析每一个结构冲击对内生变量变化（通常用方差来度量）的贡献度，以进一步评价不同结构冲击的重要性。表 8-3 报告了各个变量对股票价格变化的贡献程度。总体而言，除股票价格自身的贡献外，汇率变动对股票价格波动的贡献程度最大，在第 1 期就达到 2.58%，第 2 期后迅速上升为 12%，此后基本保持在 12.8% 左右。货币供应量对股票价格波动的贡献程度在第 1 期达到了 3.35%，此后基本保持在 5.2% 左右。而我国利率和美国联邦基金利率的变动对股票价格变动的贡献程度都很小，在第 2 期后分别只有 1.6% 和 2.3% 左右。

表 8-3　CPI、EX、FR、M_2、FR、SP 和 Y 对股票价格变动的贡献程度

单位：%

Period	S.E.	CPI	EX	FR	M_2	R	SP	Y
1	0.0042	0.31159	2.58067	0.68553	3.35044	0.46384	92.6079	0.00000
2	0.0045	1.23739	12.0461	1.97332	5.25528	1.58178	77.6629	0.24310
3	0.0046	1.59227	12.5307	2.17735	5.17681	1.54342	76.6787	0.30056
4	0.0046	1.70250	12.7506	2.23534	5.17023	1.56910	76.2698	0.30236
5	0.0046	1.71515	12.7830	2.25129	5.16863	1.56834	76.2092	0.30429
6	0.0046	1.71860	12.7932	2.25613	5.16810	1.56886	76.1906	0.30446
7	0.0046	1.71916	12.7955	2.25759	5.16794	1.56890	76.1863	0.30453

续表

Period	S.E.	CPI	EX	FR	M$_2$	R	SP	Y
8	0.0046	1.71928	12.7961	2.25805	5.16788	1.56893	76.1851	0.30454
9	0.0046	1.71931	12.7963	2.25820	5.16787	1.56894	76.1847	0.30454
10	0.0046	1.71931	12.7964	2.25826	5.16786	1.56894	76.1846	0.30454

从综合脉冲响应和方差分解的结果可以得出，在开放经济条件下，人民币实际汇率变动和货币供应量的变动对我国股票价格的影响较大。无论是中国货币政策还是美国货币政策，其对股票价格的影响都不明显。此外，实际产出和价格水平对股票价格的影响也十分有限。

第五节 实证结论及其含义

综上所述，开放经济条件下货币政策对股票价格的影响具有多维度的特征和复杂的传导机制。从短期来看，货币政策的冲击会引起股票市场的快速反应，但其持续性和稳定性较弱；从长期来看，货币政策与股票价格之间的关系受到多种因素的综合影响，难以简单地归纳为单一的正向或反向关系。不同国家和地区的股票市场对货币政策的敏感性存在显著差异，这反映了各国经济结构、金融市场发展程度和政策体制的不同特点。对于投资者而言，应充分认识到开放经济条件下货币政策的复杂性和不确定性，不仅关注国内货币政策的变动，还要密切关注国际经济环境和主要经济体的货币政策动态，合理调整投资组合，降低投资风险。对于货币政策制定者而言，应加强与其他国家和地区的政策协调与沟通，避免货币政策的溢出效应引发国际市场动荡，同时注重完善国内金融市场的体制机制建设，提高货币政策的传导效率和有效性，以实现稳定物价、促进经济增长和维护金融市场稳定的多重目标。

  本章通过建立一个包含实际产出、物价水平、货币供应量、利率、汇率、美国联邦基金利率和股票价格指数的施加了短期约束的结构式向量自回归模型，对开放经济条件下货币政策对我国股票价格的影响进行了实证研究。研究结果表明：(1) 人民币汇率变动对股票价格有很大的影响；(2) 货币政策对股票价格的影响十分有限。这些实证结果表明，在开放经济条件下，投资者不能根据货币政策的变动来获取超额收益；对中央银行而言，实证结果意味着股票市场的传导效率十分低下，而且中央银行不能通过货币政策变动来对股票价格施加影响。

第九章 结论与展望

第一节 结论

货币政策对股票价格的影响是一个复杂且多维度的问题，其影响机制涉及多个层面和渠道。从货币政策工具来看，无论是存款准备金率、再贴现率，还是公开市场操作，这些工具的调整对股票市场的影响往往受到多种因素的制约，包括宏观经济环境、金融市场结构、投资者预期等。以存款准备金率为例，其调整不仅影响商业银行的资金运用能力，进而影响市场资金供求关系，还会通过影响投资者对市场流动性的预期，间接影响股票价格。然而，由于我国金融市场尚不发达，投资者结构以散户为主，信息不对称问题较为严重，导致货币政策传导机制存在一定的梗阻，使得存款准备金率的调整对股票价格的影响在统计上不显著。再贴现率的调整主要通过影响商业银行的融资成本和市场利率来间接影响股票价格，但在我国利率市场化进程尚未完全完成的背景下，再贴现率的调整对股票价格的传导效果也受到限制。公开市场操作作为央行常用的货币政策工具，其对股票价格的影响同样受到金融市场发育程度和投资者预期等因素的影响。在金融市场不够完善、投资者对政策信号解读能力有限的情况下，公开市场操作对股票价格的影响也难以达到预期效果。

从货币政策中介目标来看，货币供应量的变动对股票价格的影响理论上有一定的逻辑关系，但在我国的实际经济环境中，这种关系并不明显。一方面，货币供应量的增加可能会通过降低市场利率、提高企业盈利预期等途径推动股票价格上涨；另一方面，我国居民和企业的资产配置行为、金融市场的结构以及货币政策的外部性等因素，使得货币供应量与股票价格之间的关系变得复杂。此外，开放经济条件下，货币政策对股票价格的影响还受到国际资本流动、汇率波动等因素的干扰。我国作为经济外向型程度较高的国家，股票市场不可避免地受到国际经济环境和主要经济体货币政策的影响。然而，由于我国资本项目尚未完全开放，人民币汇率形成机制仍处于不断完善过程中，国际因素对我国股票价格的影响相对有限。

综合来看，货币政策对我国股票价格的影响不显著，这表明我国货币政策的股票市场传导机制还不够畅通。这一结论对于货币政策制定者和投资者都具有重要的启示。对于货币政策制定者而言，需要进一步完善金融市场体系，加强货币政策传导机制的建设，提高货币政策的有效性。同时，应避免过度依赖货币政策来调控股票市场，以免引发市场波动和资源错配。对于投资者而言，应充分认识到货币政策对股票市场的复杂影响，在投资决策中综合考虑多种因素，避免单纯依据货币政策变动进行投资操作。

就货币政策对股票市场的影响这一问题进行深入研究，对于我国央行和广大股票投资者而言具有十分重要的理论与现实意义。在系统梳理这一问题相关文献、理论和模型的基础上，本书根据我国货币政策的实际操作状况，采用事件研究法、虚拟变量回归模型、向量自回归模型和施加了短期约束的结构式向量自回归模型等多种计量经济学研究方法，对下列 5 个问题进行了系统研究：第一，存款准备金率宣告对股票收益率的影响；第二，贴现率变动对股票价格的影响；第三，公开市场操作对股票价格的影响；第四，我国货币政策中介目标——货币供应量变动对股票价格的影响；第五，开放经济条件下货币政策对我国股票价格的影响。综合上述 5 个问题的实证研究结果，本书得到的主要结论如下。

（1）货币政策对我国股票市场的影响并不显著。美国著名基金经理人 Martin Zweig（1986）曾经这样描述货币政策与股市之间的关系：股票市场就像赛马一样，有钱才能推动股票市场的运转。资金状况对股票价格有着很大的影响。事实上，货币环境——主要是利率和美联储政策的变化趋势——是决定股票市场走向的核心因素。① 然而，国内外实证研究结果并不全都支持这种理论推断，这是因为现实中的金融市场与理论假设所认定的金融市场并不完全一致。虽然本书采用了不同的研究方法和不同的指标来度量货币政策，但是对5个问题的研究得到的结论却是高度一致的，即无论存款准备金率、贴现率、公开市场操作，还是货币政策中介目标，抑或是开放经济条件下的货币政策，对股票价格或收益率的影响从统计学角度而言都是不显著的。该结果意味着我国央行无力干预股市，因此，其不必对股票等资产价格的波动进行反应。

自20世纪90年代以来，全球许多国家虽然成功地控制了较高的通货膨胀率、稳定了物价，但是在这一时期股票等金融资产价格的波动却明显加剧，致使经济与金融发展不稳定，从而给货币政策的制定带来巨大的挑战。货币政策是否应该对股票等金融资产价格的波动作出反应，成为货币政策制定者和学者们激烈讨论的热点问题。从现有学术文献来看，对此问题的回答有截然相反的两种观点。Bernanke & Gertler（1999、2001）认为，中央银行的主要职责在于维持物价稳定和促进经济增长，因此不该对资产价格的变动作出任何反应；同时他们还认为，保持资产价格的稳定对于中央银行而言是十分困

---

① Martin Zweig, *Winning on Wall Street* (New York: Warner Books, 1986), p.43.

难的，因为货币当局无法得知资产价格的波动究竟是由什么因素引起的。Hessius（1999），Filardo（2000）、Batin & Nelson（2000），Mishkin（2001），Gilchrist & Lahy（2002），钱小安（2000）、瞿强（2001）、易纲和王召（2002）也持有与 Bernanke & Gertler（1999、2001）相同的观点。与 Bernanke 和 Gertler 等人的观点相反，Cecchetti & Genberg（2000）、戴根有（2000）、谢平（2000）等人则认为中央银行应该对股票等金融资产价格的波动作出反应。他们认为货币政策对产出缺口、通货膨胀和资产价格波动作出反应，有助于提高宏观经济的效率，降低产出的波动。他们认为当资产价格低于其价值时，央行应当降低利率；相反，当资产价格高于其价值时，央行应当提高利率。

本书的研究结果表明，在我国股票市场运行机制、法律制度、诚信文化、参与主体和监管体系等不完善的情况下，货币政策无法显著影响股票市场价格和收益率，这表明我国央行还无力干预股市。由于我国股票市场存在较高的投机现象，实体经济与股票价格的变动趋势往往不一致，我国的货币政策不应对资产价格的波动进行反应。货币政策如果太过于关注股票市场，不仅会影响市场的正常秩序，还会使货币政策丧失独立性。另外，通过货币政策来干预股票价格会产生严重的道德风险。

（2）我国货币政策的股票价格传导机制并不明显。从理论角度而言，股票等金融资产价格若要有效地传导货币政策需要具备下列条件。第一，微观经济主体对投资收益率的变动十分敏感。在规范市场中，现代企业的投资决策更加市场化，对货币政策的变动更加敏感。它们根据投资收益率的变动相应地调整自己的投资行为，从而对投资、消费及产出产生影响。第二，一国金融市场的运行效率。当一国具有相对发达的货币市场以及金融市场的一体化程度较高时，资金可以自由流动以追求同一风险水平下的高收益，从而使信息能够及时、准确地反映在金融资产价格中，这样，金融资产价格传导货币政策的功能才能发挥。如果金融市场处于严重分割状态，运行效率低下，货币政策行为变动引发的居民资产选择会受到一定的约束。第三，金融资产规模。当居民的资产组合中的股票资产、外汇资产占有越来越大的比重时，居民对货币政策行为的敏感度会逐渐增强。货币政策变动引发资产选择行为，从而引发货币资金在股票、外汇与房地产等资产市场之间较大规模的转移。这会对货币政策传导产生重要的影响，而且，随着金融资产规模的扩大，这种影响会进一步加强。

就我国而言，上述这些条件在我国还不具备：第一，虽然我国股市经过20余年的发展，其规模已经得到了快速扩张，但是与美国、英国和日本等发达国家相比较，甚至是与韩国相比较，我国股票市场的规模依然是偏小的。① 第二，近年来，中国证监会推动了一系列市场化改革，市场机制得到进一步完善，市场化资源配置功能得到一定程度的发挥，但是中国资本市场的发展难以脱离经济发展的整体水平和体制改革的总体进程。在市场经济体制不完善、社会信用体系不健全的大背景下，中国资本市场尚未形成真正的资本约束机制，市场对社会资源的引导和企业行为的约束都不够有效，市场效率有待提高。另外，中国股票市场至今仍然分为A股市场、B股市场、香港红筹股和H股市场，而债券市场则分为银行间债券市场、交易所债券市场和银行柜台交易市场。市场间的这种相互分割，导致不同市场间的套利机制缺乏，因此降低了中国股票市场的有效性。第三，在利率尚未完全市场化的前提下，企业对货币政策的变动并不十分敏感。因此，西方发达国家货币政策的股票价格传导机制在我国并没有得到实证研究的支持，股票价格在中国货币政策传导机制中所起的作用十分有限。

（3）股票投资者不能根据货币政策的变化在中国股票市场上获取超额收益。作为一种有价证券，股票具有收益性这一重要特征，这主要体现在两点：一方面，投资者认购股票后即对发行公司享有经济权益，这种经济权益的实现形式是从公司领

---

① 中国证券业监督管理委员会：《中国资本市场发展报告》，中国金融出版社，2008。

取股息和分享公司的红利；另一方面，股票持有者可以持股票到依法设立的股票交易场所进行交易，当股票的市场价格高于买入价格时，卖出股票就可以赚取差价收益。由于可以通过买卖股票获取收益，投资者试图通过各种方法和技术来预测股票价格的变动，甚至试图通过内幕交易等非法手段获取超额收益。本书的实证结果表明，货币政策对我国股票价格的影响要么不稳定，要么不显著，因此投资者不能根据货币政策的变化在中国股票市场上获取超额收益。

第二节 研究展望

本书已研究了货币政策三大工具、货币政策中介目标对我国股票价格的影响，由于时间及个人能力所限，对这一问题的研究尚存在以下几方面的不足，同时这也是今后需要进一步加强研究的问题。

第一，由于作为央行三大货币政策工具之一的公开市场操作比较难以度量，本书用央行资产负债表中负债项下的央行债券来度量公开市场操作，这种度量方法是否正确，还有待进一步检验。

第二，根据金融学理论，货币政策对不同个股的影响应该是各不相同的，如大企业股票和小企业股票、现金流充足的股票和现金流短缺的股票等对货币政策的反应，由于种种原因，本书未进行这样的尝试，因此这类研究将是该领域今后进一步研究的方向，而对于投资者而言也将会更加具有现实意义。

第三，虽然自2006年以来，我国存款准备金率的变动比较频繁，但是从统计学角度而言，这些样本还不够大，因此本书就存款准备金率变动对股票价格影响的研究结论可能会随着样本规模的扩大而发生变化，这同样有待进一步的检验。

未来的研究可以从以下几个方面进行拓展和深化。首先，随着我国金融市场的不断发展和创新，货币政策工具也在不断丰富和完善。例如，近年来央行推出的常备借贷便利（SLF）、中期借贷便利（MLF）等新型货币政策工具，对股票市场的影响机制和效果尚未得到充分研究。这些新型工具在调节市场流动性、引导市场利率等方面具有独特的作用，可能会对股票价格产生不同于传统货币政策工具的影响。其次，货币政策与宏观经济政策的协调配合对股票市场的影响也值得深入探讨。货币政策与财政政策、产业政策等的相互作用和影响，可能会通过多种渠道对股票市场产生综合效应。研究货币政策与其他政策的协同作用机制，有助于更好地制定和实施宏观经济政策，实现经济稳定增长和金融市场稳定的目标。最后，随着大数据技术的广泛应用和金融市场的信息化程度不断提高，利用大数据分析方法研究货币政策对股票价格的影响具有重要的现实意义。大数据技术可以挖掘和分析海量的金融市场数据，为货币政策效果评估和股票市场预测提供更丰富的信息和更准确的依据。此外，还可以进一步深入研究货币政策对不同行业、不同规模企业股票价格的异质性影响。不同行业和企业的融资结构、经营特点和市场竞争力存在差异，货币政策的调整可能会对它们产生不同的影响。通过深入分析货币政策的行业异质性效应，可以为投资者提供更有针对性的投资建议，同时也有助于货币政策制定者更好地制定差异化的货币政策，促进产业结构优化和经济转型升级。

参考文献

[1] 檀学燕. 基于制度变迁的中国股票市场有效性分析[J]. 中央财经大学学报, 2010(9).

[2] 白站伟, 李树培. 我国财政政策和货币政策的测算: 2001—2009 [J]. 中央财经大学学报, 2010.

[3] 曹媛媛. 货币政策与股票市场价格行为研究[D]. 天津大学博士学位论文, 2004年6月.

[4] 成家军. 资产价格与货币政策[M]. 北京: 社会科学文献出版社, 2004.

[5] 陈学彬. 中央银行概论(第二版)[M]. 北京: 高等教育出版社, 2007.

[6] 陈雨露, 汪昌云. 金融学文献通论(宏观金融卷)[M]. 北京: 中国人民大学出版社, 2006.

[7] 邓瑛. 不完全信息下的资产价格冲击与货币政策选择[M]. 北京: 中国财政经济出版社, 2009.

[8] 弗雷德里克·S·米什金. 货币金融学(第7版)[M]. 北京: 中国人民大学出版社, 2006.

[9] 高铁梅. 计量经济分析方法与建模: Eviews应用及实例[M]. 北京: 清华大学出版社, 2009.

[10] 胡援成, 程建伟. 中国资本市场货币政策传导机制的实证研究[J]. 数量经济技术经济研究, 2003(7).

[11] 解梁秋. 我国地下经济规模估计及对宏观经济的影响研究[D]. 吉林大学博士论文, 2008年12月.

[12] 孔刘柳, 谢乔昕. 物价稳定目标下我国货币政策外部时滞的实证分析[J]. 上海经济研究, 2011(1).

[13] 李红艳, 汪涛. 中国股市价格与货币供应量关系的实证分析[J]. 预测, 2000(3).

[14] 李星, 陈乐一. 货币政策变动对股票市场波动的影响[J]. 求索, 2009(2).

[15] 李志生, 刘正捷. 资产收益的短记忆性与长记忆性: 我国股票市场效率的动态分析[J]. 江西财经大学学报, 2011(1).

[16] 刘熀松. 中国货币供应量与股市价格的实证研究 [J]. 管理世界，2004（2）.
[17] 刘洋. 存款准备金率调整对我国证券市场的影响 [J]. 统计研究，2008（3）.
[18] 迈克尔·J·塞勒. 金融研究：方法论大全必备 [M]. 北京：清华大学出版社，2005.
[19] 毛泽盛，卞志村. 中央银行学 [M]. 北京：人民出版社，2009.
[20] 裴平，熊鹏著. 中国货币政策传导研究 [M]. 北京：中国金融出版社，2009.
[21] 裴平，张谊浩. 人民币外溢及其经济效应 [J]. 国际金融研究，2005（9）.
[22] 钱小安. 资产价格变化对货币政策的影响 [J]. 经济研究，1998（1）.
[23] 孙华妤，马跃. 中国货币政策与股票市场的关系 [J]. 经济研究，2003（7）.
[24] 唐齐鸣，李春涛. 股票收益与货币政策的关系研究 [J]. 统计研究，2000（12）.
[25] 王如丰，于研. 我国货币政策与股票价格的即期双向作用 [J]. 上海金融，2010（8）.
[26] 吴宏，刘威. 美国货币政策的国际传递效应及其影响的实证研究 [J]. 数量经济技术经济研究，2009（6）.
[27] 夏南新. 税收诱致性现金持有量模型因果性检验及对我国地下经济规模的估测 [J]. 统计研究，2004（3）.
[28] 肖文伟，杨小娟. 货币政策时滞问题实证分析 [J]. 系统工程，2010（7）.
[29] 徐慧贤. 资产价格波动与货币政策反应研究 [M]. 北京：中国金融出版社，2008.
[30] 徐正云. 我国地下经济规模测量研究 [J]. 武汉理工大学学报，2009（6）.
[31] 薛永刚，曹艳铭. 货币政策变量与股票价格的动态关联性研究 [J]. 山西财经大学学报，2008（3）.
[32] 袁显平，柯大钢. 事件研究方法及其在金融经济研究中的应用 [J]. 统计研究，2006（10）.
[33] 赵进文，高辉. 资产价格波动对中国货币政策的影响：基于 1994 年—2006 年季度数据的实证分析 [J]. 中国社会科学，2009（2）.
[34] Alberto Giovannini and Pamela Labadie, 1991, "Asset prices and interest rates in a Cash-in-Advance Model" [J], *Journal of Political Economy*, Vol.99, No.6, pp.1215-1251.
[35] Albert Ando and Franco Modigliani, 1963, "The 'Life Cycle' Hypothesis of Saving: Aggregate Implications and Tests" [J], *The American Economic Review*, Vol.53, No.1. pp.55-84.
[36] Alex D. Patelis, 1997, "Stock Return Predictability: the role of monetary policy" [J], *Journal of Finance*, Vol.52, No.5, pp.1951-1972.
[37] Alexandros Kontonikas and Christos Ioannidis, 2005, "Should monetary policy respond to asset price misalignments" [J], *Economic Modelling*, Vol. 22, No.6,pp.1105-1121.

[38] Ali F. Darrat,1990, "Stock returns, money, and fiscal deficits"[J], *Journal of financial and quantitative analysis*, Vol.25, No.3, pp.387-398.

[39] Allan H. Meltzer, 1995, "Monetary, Credit and (Other) Transmission Processes: A Monetarist Perspective"[J], *The Journal of Economic Perspectives*, Vol.9, No.4, pp.49-72.

[40] Arabinda B. and Alexander K.,2008, "Macroeconomic cycles and the stock market's reaction to monetary policy"[J]. *Journal of Banking and Finance*, Vol.32, No.12, pp.2606-2616.

[41] Arnold C. Schumacher, 1959, "Monetary Forces and the Stock Market"[J], *The Analysts Journal*, Vol. 15, No. 2, pp.95-99.

[42] Asimakis Kaketsis and Nicholas Sarantis, 2006, "The effects of monetary policy changes on market interest rates in Greece: An event study approach"[J], *International Review of Economics and Finance*, Vol.15, No.4, pp.487-504.

[43] Bakshi G.S. and Chen Z., 1996, "Inflation, asset prices, and the term structure of interest rates in monetary economics"[J], *The Review of Financial studies*, Vol.9, No.1, pp.241-275.

[44] Ben S. Bernanke and Alan S. Blinder, 1992, "The Federal Funds Rate and the Channels of Monetary Transmission"[J], *The American Economic Review*, Vol.82, No. 4 , pp. 901-921.

[45] Ben S. Bernanke and Ilian Mihov,1998, " Measuring Monetary Policy"[J], *The Quarterly Journal of Economics*, Vol.113, No.3, pp. 869-902.

[46] Ben S. Bernanke and Kenneth N. Kuttner,2005, "What Explains the Stock Market's Reaction to Federal Reserve Policy"[J], *The Journal of Finance*, Vol. 60, No. 3, pp. 1221-1257

[47] Ben S. Bernanke and Mark Gertler, 1995, "Inside the Black Box: The Credit Channel of Monetary Policy Transmission"[J], *The Journal of Economic Perspectives*, Vol. 9, No. 4 , pp. 27-48.

[48] Ben S. Bernanke and Mark Gertler, 2001, "Should Central Banks Respond to Movements in Asset Prices"[J], *The American Economic Review*, Vol. 91, No.2, pp.253-257.

[49] Ben S. Bernanke and Frederic S. Mishkin, 1997, "Inflation Targeting: A New Framework for Monetary Policy"[J], *Journal of Economic Perspectives*, Vol.11, No.2,pp.97-116.

[50] Ben S. Bernanke and Mark Gertler,1989, "Agency Costs, Net Worth, and Business Fluctuations" [J], *American Economic Review*, Vol.79, No.1, pp.14-31.

[51] Beryl W. Sprinkel,1967, "Techniques for Measuring the Impact of Monetary Policy"[J], *Financial Analysts Journal*, Vol. 23, No. 5 , pp. 85-87.

[52] B.W. Sprinkel, 1964, Money and Stock Prices[M]. Homewood. IL: Richard D. Irwin.

[53] Christopher A. Sims, 1980, "Macroeconomics and reality"[J], *Econometrica*, Vol.48, No.1, pp.1–48.

[54] Charles Goodhart and Boris Hofmann, 2003, "Deflation, Credit and asset prices"[R], HKIMR Working Paper No.13 Available at SSRN: http://ssrn.com/abstract=1009150 or http://dx.doi.org/10.2139/ssrn.1009150.

[55] Christos Ioannidis and Alexandros Kontonikas, 2006, "Monetary Policy and the Stock Market: Some International evidence"[R], Glasgow, Department of Economics, University of Glasgow.

[56] C. Mitchell Conover, Gerald R. Jensen and Robert R. Johnson, 1999, "Monetary environments and international stock returns"[J], *Journal of Banking & Finance*, Vol.23, No.9, pp.1357–1381.

[57] C. Mitchell Conover, Gerald R. Jensen, Robert R. Johnson, 1999 , "Monetary Conditions and International Investing"[J], *Financial Analysts Journal*, Vol. 55, No. 4 , pp.38–48.

[58] David M. Marshall, 1992, "Inflation and asset returns in monetary economy"[J], *Journal of Finance* , Vol.47, No.4, pp.1315–1342.

[59] Dominic Gasbarro and Gary S. Monroe, 2004, "The impact of monetary policy candidness on Australian financial markets" [J], *Journal of Multinational Financial Management*, Vol.14, No.1,pp.35–46.

[60] Douglas K. Pearce and V. Vance Roley,1983, "The Reaction of Stock Prices to Unanticipated Changes in Money: A Note"[J], *The Journal of Finance*, Vol.38, No.4, pp.1323–1333.

[61] Douglas K. Pearce and V. Vance Roley,1985, "Stock Prices and Economic News"[J], *The Journal of Business*, Vol.58, No.1, pp. 49–67.

[62] Euge F. Fama, Lawance Fisher, Michae C. Jensen, Richard Roll,1969, "The adjustment of stock prices to new information" [J], *International Economic Review*, Vol.10, NO. 1, pp.1–21.

[63] Eugene F. Fama and Kenneth R. French, 1989, "Business conditions and expected returns on stocks and bonds"[J], *Journal of Financial Economics*, Volume 25, No.1, pp.23–49.

[64] Eugene F. Fama,1965, "The behavior of stock market prices"[J], *The Journal of business*, Vol.38, No.1, pp.34–105.

[65] Eugene F. Fama, 1970, "Efficient Capital Markets: A Review of Theory and Empirical Work"[J], *The Journal of Finance*, Vol. 25, No.2, pp.383–417.

[66] Forrest J. Wright, 1976, "Monetary Policy and the Stock Market: Is There a Direct Link"[J], *Financial Analysts Journal*, Vol.32, No.3, pp.27–32.

[67] Frederic S. Mishkin, 2001, "The Transmission Mechanism and the Role of Asset Prices in

Monetary Policy"[R], NBER Working Paper, No. 8617, pp.1-21.

[68] Gerald R. Jensen and Robert R. Johnson, 1993, "An examination of stock prices reactions to discount rate changes under alternative monetary policy regimes"[J], *Quarterly Journal of Business and Rconomics*, Vol.32, No.2, pp.26-51.

[69] Gerald R.Jensen and Robert R. Johnson,1995, "Discount rate changes and security returns in the U.S., 1962-1991"[J], *Journal of Banking and Finance*, Vol.19, No.1, pp.79-95.

[70] Gikas A. Hardouvelis,1987, "Macroeconomic information and stock prices"[J], *Journal of economics and business*, Vol.39, No.2, pp131-140.

[71] Glenn W. Boyel,1990, "Money demand and the stock market in a general equilibrium model with variable velocity"[J], *Journal of Political Economy*,Vol.98, No.5, pp.1039-1053.

[72] Glenn W. Boyle and James D. Peterson,1995,Monetary policy, "Aggregate uncertainty, and the stock market"[J], *Journal of Money,Credit,and Banking*, Vol.27, No.2, pp.570-582.

[73] James E. Pesando, 1974, "The supply of money and common stock prices: Further observation on the econometric Evidence"[J] *Journal of Finance*, Vol.29, No.3, pp.909-921.

[74] James Tobin,1960, "Towards Improving the Efficiency of the Monetary Mechanism"[J], *The Review of Economics and Statistics*, Vol. 42, No. 3, pp. 276-279.

[75] James Tobin, 1961, "Money, Capital, and Other Stores of Value"[J], *The American Economic Review*, Vol.51, No.2, pp. 26-37.

[76] James Tobin, 1969, "A General Equilibrium Approach To Monetary Theory"[J], *Journal of Money, Credit and Banking*, Vol.1, No.1, pp.15-29.

[77] James Tobin, 1978, "Monetary Policies and the Economy: The Transmission Mechanism"[J], *Southern Economic Journal*, Vol. 44, No. 3, pp.421-431.

[78] James L. Bicksler, 1972, "Money and Stock Prices: Methodological Comments"[J], *Financial Analysts Journal*, Vol. 28, No. 4, pp. 96.

[79] Jean-Pierre Danthine and John B. Donaldson, 1986, "Inflation and asset prices in an exchange economy"[J], *Econometrica*, Vol.54, No.3, pp.585-605.

[80] John Muth,1961, "Rational expectations and the theory of price movements"[J], *Econometrica*, Vol.29, No.3, pp315-335.

[81] Jon Wongswan, 2009, "The response of global equity indexes to U.S. monetary policy announcements"[J], *Journal of International Money and Finance* Vol.28, No.2, pp. 344-365.

[82] J. Benson Durham, 2003, "Monetary policy and stock price returns"[J], *Financial analysts*

Journal, Vol. 59, No.4, pp.26-35.

[83] J. Benson Durham, 2005, "More on Monetary Policy and Stock Price Returns"[J], *Financial Analysts Journal*, Vol. 61, No. 4, pp. 83-90.

[84] Kenneth E. Homa and Dwight M. Jaffee,1971, "The Supply of Money and Common Stock Prices"[J], *The Journal of Finance*, Vol.26, No.5, pp.1045-1066.

[85] Konstantin Kholodilin, Alberto Montagnoli, Oreste Napolitano and Boriss Sliverstoves, 2009, "Assessing the impact of the ECB's monetary policy on the stock markets: A sectoral view"[J], *Economics Letters*, Vol.105, No.3, pp.211-213.

[86] Ling T. He. 2006, "Variations in effects of monetary policy on stock market returns in the past four decades"[J], *Review of Financial Economics*, Vol.15, No.4, pp.331-349.

[87] Lachler,U., 1983, "A macrotheoretic analysis of inflation, Taxes, and the price of equity"[J], *Journal of Macroeconomics*, Vol.5, No.3, pp.281-301.

[88] Lars E. O. Svensson, 1985, "Money and asset prices in a Cash-in-Advance Economy"[J], *Journal of Political Economy*, Vol.93, No.5, pp.919-944.

[89] Lastrapes, W.D. 1998, "International evidence on equity prices, interest rates and money"[J], *Journal of International money and Finance*, Vol.17, No.3, pp.377-406.

[90] Martin T. Boh, Pierre L. Siklos and Thomas Werner, 2007, "Do central banks react to the stock market? The case of the Bundesbank"[J], *Journal of Banking and Finance* Vol.31, No.3, pp.719-733.

[91] Michael Ehrmann and Marcel Fratzscher, 2004, "Taking Stock: Monetary Policy Transmission to Equity Markets"[J], *Journal of Money, Credit and Banking*, Vol.36, No.4, pp. 719-737.

[92] Michael J. Hamburger and Levis A. Kochin,1972, "Money and Stock Prices: The Channels of Influences"[J],*The Journal of Finance*, Vol.27, No.2, pp.231-249.

[93] Michael S. Rozeff,1975, "The money supply and the stock market: The demise of a leading indicator"[J], *Financial Analysts Journal*, Vol.31, No.5, pp 18-20+22-24+26+76.

[94] Michael Smirlock and Jess Yawitz. 1985, "Asset Returns, Discount Rate Changes, and Market Efficiency"[J],*The Journal of Finance*, Vol.40, No.4, pp.1141-1158.

[95] Milton Friedman and Anna J. Schwartz, 1963, *A monetary history of the United States 1867-1960*[M], Princeton: Princeton University Press.

[96] Milton Friedman, 1956, *The quantity theory of money: a restatement, in studies in the quantity theory of money*[M], Chicago: University of Chicago Press, pp.3-21.

[97] Milton Friedman, 2005, "A natural experiment in monetary policy covering three episodes of growth and decline in the economy and the stock market"[J], *Journal of Economic perspectives*, Vol.19, No.4,pp.145–150.

[98] Milton Friedman,1988, "Money and the Stock Market"[J], *Journal of Political Economy*,Vol.96, No.2, pp.221–245.

[99] Miguel Sidrauski, 1967, "Rational choice and patterns of growth in a monetary economy"[J].*The American Economic Review* ,Vol.77,No.2,pp.534–544.

[100] Mira Farka, 2009, "The effect of monetary policy shocks on stock prices accounting for endogeneity and omitted variable biases"[J], *Review of financial economics*, Vol.18,No.1, pp.47–55.

[101] Morgan J. Lynge, 1981, "Money supply announcement and stock prices"[J],*The journal of portfolio management* , Vol.8,No.1,pp.40–43.

[102] Neil G. Berkman,1978, "On the significance of weekly change in M1"[J],*New England economic review* ,May/June, pp.5–22.

[103] Nicolaas Groenewold, Gregory O'Rourke and Setephen Thomas, 1997, "Stock returns and inflation:a macro analysis"[J], *Applied Financial Economics*,Vol.7, No.2,127–136.

[104] Nuno Cassola and Claudio Morana, 2004, "Monetary policy and the stock market in the euro area"[J], *Journal of Policy Modeling*, Vol.26, No.3, pp.387–399.

[105] Pamela Labadie, 1989, "Stochastic inflation and the equity premium"[J], *Journal of Monetary Economics*, Vol.24, No.2, pp.277–298.

[106] Peter Selling, 2001, "Monetary policy and the stock market: theory and empirical evidence"[J], *Journal of Economic Surveys*, Vol.15, No. 4, pp.491–541.

[107] Rene M. Stulz,1986, "Interest Rates and monetary policy uncertainty"[J],*Journal of Monetary Economics* , Vol.17, No.3, 331–347.

[108] Richard J. Rogalski and Joseph D. Vinso,1977, "Stock returns, money supply ,and the direction of causality"[J], *Journal of Finance*, Vol.32, No.4, pp. 1017–1030.

[109] Richard L. Bolster, 1967, "The Relationship of Monetary Policy to the Stock Market: The Experience with Margin Requirements"[J], *The Journal of Finance*, Vol. 22, No. 3, pp.477–478.

[110] Richard V. L. Cooper, 1974, "Efficient capital markets and the quantity theory of money"[J]. *Journal of Finance*,Vol. 29, No.3, pp.115–146.

[111] Rik Hafer, 1986, "The response of stock prices to changes on weekly money and the

discount rate"[J], Federal Reserve Bank of St. Louis, Review, March, pp.5-14.
[112] Robert Clower, 1967, "A reconsideration of the microfoundations of monetary theory"[J]. *Western Economic Journal*, Vol.6, No.1, 1-8.
[113] Robert E. Lucas, 1984, "Money in a theory of finance"[M], *Carnegie-Rochester Conference Series on Public Policy 21*, pp.9-46.
[114] Robert E. Lucas, 1982, "Interest rates and currency prices in a Two-Country world"[J], *Journal of Monetary Economics*, Vol.10, No.3, pp.335-359.
[115] Robert E. Lucas and Stockey, 1987, "Money and interest in a Cash-in-Advance Economy"[J], *Econometrica*, Vol.55, No.3, pp.491-513.
[116] Roberto Rigobon and Brian Sack, 2003, "Measuring the Reaction of Monetary Policy to the Stock Market"[J], *The Quarterly Journal of Economics*, Vol.118, No.2, pp. 639-669.
[117] Roberto Rigobon and Brian Sack, 2004, "The impact of monetary policy on asset prices"[J], *Journal of Monetary Economics* Vol.51, No.8, pp.1553-1575.
[118] Roger N. Waud, 1970, "Public Interpretation of Federal Reserve Discount Rate Changes: Evidence on the "Announcement Effect"[J]. *Econometrica*, Vol.38, No.2, pp. 231-250.
[119] Stephen F. Leroy, 1984, "Nominal prices and interest rates in general equilibrium: Money Shocks"[J], *Journal of Business* Vol.57, No.2, pp.177-195.
[120] Stephen J. Brown and Jerold B. Warner, 1980, "Measuring security price performance"[J], *Journal of Financial Economics*, Vol.8, No.3, pp.205-258.
[121] Simon Gilchrist and John V. Leahy, 2002, "Monetary policy and asset prices"[J], Journal of Monetary Economics, 49, No.1, pp.75-97.
[122] Theodore E. Day, 1984, "Real stock returns and inflation "[J], *Journal of Finance* Vol.39, No.2, pp.493-502.
[123] Thomas Manna, Robert J.Atra and Richard Dowen, 2004, "U.S. monetary policy indicators and international stock returns: 1970-2001"[J], *International Review of Financial Analysis*, Vol.13, No.4, pp.543-558.
[124] Timothy Cook and Thomas Hahn, 1988, "The Information Content of Discount Rate Announcements and Their Effect on Market Interest Rates"[J], *Journal of Money, Credit and Banking*, Vol. 20, No.2, pp. 167-180.
[125] Troy Davig and Jefrey R. Gerlach, 2006, "State-Dependent Stock Market Reactions to Monetary Policy"[J], *International Journal of Central Banking December*, Vol.2, No.4, pp.65-83.

[126] Vefa Tarhan, 1995, "Does the Federal Reserve affect asset prices"[J], *Journal of economics dynamics and control* , Vol.19, No.5-7,pp.1199-1222.

[127] Willem Thorbecke and Tarik Alami,1994, "The effect of changes in the Federal funds rate target on stock prices in the 1970s"[J], *Journal of economics and business*, Vol.46, No.1, pp.13-19.

[128] Willem Thorbecke, 1997, "On stock market returns and monetary policy" [J], *Journal of finance*, Vol.52, No.2, pp. 635-654.

[129] Wilford J. Eiteman, 1933, "The Relation of Call Money Rates to Stock Market Speculation"[J], *The Quarterly Journal of Economics*, Vol. 47, No. 3, pp.449-463.

[130] Yun Daisy Li, Talan B., Iscan, Kuan Xu, 2010, "The impact of monetary policy shocks on stock prices:Evidence from Canada and the United States"[J], *Journal of International Money and Finance*, Vol.29, No.5, pp.876-896.

后　记

　　本书是在我的博士学位论文基础上修改完善而成的。当书稿即将付梓之际，我再次回想起在东北财经大学求学的点点滴滴，心中充满感激与怀念。那段紧张而充实的岁月，不仅让我在学术上有所成长，更让我收获了师长的教诲、同窗的情谊和家人的无私支持。

　　首先，我要向我的导师戴玉林教授致以最诚挚的谢意。戴老师学识渊博、治学严谨。论文从选题到框架设计，从研究方法到结论提炼，无不倾注着戴老师的心血。他深厚的学术功底和独到的学术视野深深影响了我，使我少走了许多弯路。同时，他谦和宽厚的为人处世之道也让我受益匪浅，成为我人生路上的楷模。

　　衷心感谢我的另一位导师邢天才教授。邢老师治学一丝不苟，待人真诚宽厚，在繁忙的教学和管理工作之余，仍抽出大量时间指导我的论文写作。他的言传身教让我明白，学术研究不仅需要扎实的功底，更需要对真理的执着追求。师恩难忘，唯有以勤勉治学、踏实做人的态度回报老师的栽培。

感谢东北财经大学金融学院的赵进文教授、王志强教授、王振山教授、董普教授等诸位老师。他们的课堂讲授和学术指导为我打下了坚实的理论基础，而他们在日常交流中提出的宝贵建议也为本书的完善提供了重要启发。

特别感谢我的家人。感谢我淳朴善良的父母，他们虽不善言辞，却用最朴实的行动支持我的学业，让我能够心无旁骛地投入研究。感谢我的妻子马学琼女士，在我脱产攻读博士学位期间，她独自扛起家庭的经济重担，同时兼顾工作和家庭，毫无怨言。她的理解与支持是我坚持到底的重要动力。感谢我可爱的女儿，她的笑容总能驱散我的疲惫，让我感受到生活的温暖与希望。对家人，我始终心怀愧疚，但也正是这份愧疚，激励我在学术和人生的道路上不断前行。

最后，衷心感谢华夏出版社的编辑们，他们的专业素养和细致耐心为本书的出版提供了极大帮助，他们的辛勤付出使本书得以以更完善的面貌呈现给读者。

学术之路漫长，本书的完成既是对过去研究的总结，也是新征程的起点。我将怀着感恩之心，继续探索，不负所有关心、支持我的人。

来志勤

2025 年 5 月